Fotografías Imaginadas
Autor: Guillermo Cerceau
ISBN: 9798601171908

Corrección de textos: Luis García y Orlando Zabaleta

Publicado por Caobo
https://caobo.org/
Bélgica, 2020

Diseño de portada: Tessa Debilde

Guillermo Cerceau

Fotografías imaginadas

y otros encuadres

Caobo Ediciones

Para Zaida, por el amor y la paciencia

Contenido

Agradecimientos

A Ricardo Bello, quien no solo hizo una de las primeras lecturas del manuscrito, con sus respectivas recomendaciones, siempre certeras, sino que me impulsó a publicar este libro en muchos sentidos que incluyen el empuje moral, el aporte conceptual y material y ese impulso no cuantificable que es el de la amistad transparente, generosa y sólida. Sin Ricardo, este libro no hubiera sido posible.

A mi hijo Andrés (mi crítico más severo), Carlos Martino, Álvaro de Prat, María Elena Ramos, Luis García, Pedro Uranga, Gema Durán y mi hermano Fernando, que sucesivamente hicieron comentarios inteligentes, señalaron errores o mejores maneras de decir la misma cosa e hicieron muchos aportes no susceptibles de ser enumerados. Se entiende que si no siempre les hice caso y si persisten defectos imperdonables, solo yo debo ser culpado.

Fotografías Imaginadas

y otros encuadres

Guillermo Cerceau

Introducción

Los tres breves textos incluidos en este libro pertenecen a épocas y preocupaciones diferentes. Los he llamado "encuadres", a falta de una denominación más apropiada, jugando un poco con la terminología fotográfica, ya que no llenan los requisitos del ensayo, al menos como yo los entiendo. *Fotografías imaginadas* es el resultado de varias noches de insomnio durante el año 2013 que, como es ya mi costumbre, me obligaron a escribir. En este caso, redacté todo en mi memoria, o al menos lo esencial, lo transcribí a la semana, más o menos, y lo abandoné en una caja que hace poco redescubrí. *Espacios interminables* es la versión escrita (y expurgada de muletillas orales) de una conferencia que dicté en 2016 como ejercicio para la elaboración de un ensayo más largo sobre el paisaje, ensayo que está pendiente de realizarse con mi amigo Carlos Martino. *Anuario* es una meditación incompleta y atropellada de mi foto de fin de curso de la escuela primaria, foto que he perdido. No recuerdo cuándo la escribí, pero sin duda fue antes de conocer el trabajo del artista argentino Marcelo Brodsky denominado *La buena memoria, Clase 1967* que me impactó profundamente. Los reúno aquí gracias al estímulo y a la generosidad de personas cuyo criterio respeto; será el lector quien decida qué valor pueden tener para su comprensión de la fotografía.

Prólogo

El ceremonial de la imagen

Las fotografías no tienen pudor en mostrarnos una realidad ajena a nuestro querer. Se empeñan en mostrarnos un momento de la vida, las nuestras sobre todo, cuando el intento de incorporar a la visión alguna instancia de subjetividad, aún la más frívola e inconsecuente, ha sido neutralizado, bloqueado para siempre. La carga emocional de la mirada no puede ya distorsionar y amoldar el campo visual a sus intereses. La independencia psíquica, el desprendimiento final de la imagen del espejo se ha cumplido. La fotografía muestra esa fisura entre lo que somos y creemos ser, congela el movimiento que hace posible cargar el cuerpo humano con significados ajenos a su más estricta materialidad. Rilke detectaba en las esculturas de Rodin exactamente lo contrario: una carga de espiritualidad que trasciende el cuerpo y lo ilumina con cierta energía encaminada a clamar por el espíritu, la nostalgia de un aliento sobrenatural. La escultura *El Hijo Pródigo*, o *La plegaria*, como también se le conoce, me viene a mente. La escultura, contradictoriamente, niega el cuerpo a partir del cuerpo, habla de lo que está más allá de él. La fotografía hace el camino inverso, obstaculiza el esfuerzo de la voluntad por influenciar el volumen corporal y las formas materiales de nuestra identidad, su expresión física final. La distancia intelectual entre lo que nuestro cuerpo afirma y lo soñado deja de tener interés, se torna irrelevante.

Las fotografías analizadas por Guillermo Cerceau, que solo podemos imaginar, fijaron ese instante, detuvieron para siempre el segundo de la partida, la fuga precipitada de la conciencia, siempre apurada para minimizar el impacto del conocimiento. Nietzsche se acercaba a esta impresión al afirmar que teníamos arte para no morir de verdad. La fotografía se empeña en mostrarnos una realidad, sin matices emocionales capaces de suavizar la carga testimonial. Las imágenes hacen vida política, militan, presentan sus exigencias y nos interpelan, argumenta Guillermo. Ya no podemos establecer relaciones y apurar una conexión capaz de poner en movimiento dinámicas psíquicas. Las fotografías son monumentos, edificaciones nobles, sólidas y perdurables, ajenas al deterioro del tiempo, independientes de su historia, solidifican el pasado. Lo contrario de otras formas artísticas que precipitan el cambio: "Ah, que tú escapes el instante en el que habías alcanzado tu definición mejor", escribía Lezama Lima y más adelante: "Ah, mi amiga, si en el puro mármol de los adioses hubiera dejado la estatua que nos podía acompañar". Las fotografías provocan nostalgia, son crueles en su heroicidad al enseñarnos la grandeza de un momento, la belleza de un instante que se basta a sí mismo, historias congeladas para siempre como en la invención de Morel. Redundancia absoluta.

Cerceau escribe sobre el impacto de las fotografías en su memoria. No analiza, aunque pudiera hacerlo, el encuadre de las imágenes, las matemáticas de su composición, la estilística o el simbolismo plástico. Se interesa en su capacidad para indicar el contacto entre el cuerpo perfecto de la imagen congelada y la mente ciega, que no necesita de corporalidad alguna, que trasciende la materia y se reconoce sorprendida en el cuerpo que una vez fue. Pero justamente en ese reconocimiento de lo definitorio, del pasado que acosa y niega el presente, arranca la posibilidad del cambio. Somos el cumplimiento de una promesa, el cambio constante, la invitación al viaje.

Ricardo Bello

Fotografías imaginadas

When we concentrate on a material object, whatever its situation, the very act of attention may lead to our involuntarily sinking into the history of that object. Novices must learn to skim over matter if they want matter to stay at the exact level of the moment. Transparent things, through which the past shines!

Vladimir Nabokov, Transparent Things

A modo de explicación

En la memoria, en la imaginación, las fotos adquieren un brillo, un aura, que no poseen en el papel o en la pantalla digital. Es el aura fantasmática de los objetos mentales que, libres del peso y la inercia de la materia y, por lo tanto, de sus restricciones, mezquindades y limitaciones, gozan de una libertad que no siempre es para su bien. Las fotos de la imaginación se modifican con el tiempo. Los distintos contextos en los que son evocadas les suman o les restan cualidades formales o temáticas. Las fotos se contaminan unas con otras, se interfieren, se combinan y superponen como cualquier otro objeto mental. Se someten a procesos de represión, reelaboración y transformación, quizás no tan severos como los de los recuerdos, ya que las fotos de la memoria, aunque de manera tenue y casi invisible, siguen ancladas a su origen (nuestra memoria no las hace totalmente nuestras y, por lo tanto, la necesidad de reconstrucción freudiana es mucho menor con ellas) pero que aun así dejan una huella. Al incorporarse a la memoria (al igual que en cada evocación) la foto pasa a ser parte de redes de sentido, de conexiones y asociaciones que las influyen y las alteran.

¿Cuándo una foto es *real*?

Hagamos mejor la pregunta: ¿qué es una foto imaginada?

Una foto es una imagen y entonces, toda foto puede ser imaginada, pero dejemos lo obvio o lo tautológico por un momento. ¿Cuál es esa realidad de la que carece la foto imaginada?

Cambiemos el enfoque. Tengo en mis manos un conjunto de fotografías, la mayoría digitales (impresas en papel), algunas viejas fotos analógicas, otras arrancadas de revistas e incluso de libros. Las puedo tocar. Puedo dirigir mi mirada hacia ellas cuando necesito constatar un detalle. Puedo romperlas, perderlas, quemarlas, guardarlas, preservarlas. Son reales.

Mis fotos imaginadas, en cambio, *solo existen cuando las evoco* [1]. No se trata solo de que existen en la memoria, sino que están presentes como imágenes frente a mi mirada interior. La mayoría son fotos de mi propia infancia, de mi juventud, algunas pocas de estos últimos años. Muchas son fotografías de otros, unas famosas, cuyo autor reconozco, otras que no podría designar sino por su contenido (la foto aquella en la que una mujer...). Otras, no me cabe la menor duda, son inventadas, son el resultado de una operación mental (¿una elaboración secundaria? ¿un proceso de represión?) mediante la cual se forma una imagen con fragmentos de otras, o se distorsiona, como sucede en los sueños. Una que otra ha sido, efectivamente, soñada. Sueño con fotografías, sueño que tomo fotografías, así como sueño con frecuencia que toco el piano, tal vez para recordarme que jamás pasé de las escalas elementales en el piano o de los encuadres mediocres y desenfocados en la fotografía. Sueño, dicho en el más vulgar sentido psicológico, para compensar una falta o realizar un deseo. Pero estas fotos también son recordadas y no son más "oníricas" que las que inventa mi imaginación. De todas estas fotos hablo aquí y de algunas de mis amigos fotógrafos, de esas cuya historia y motivaciones conozco bien y que en otra parte he descrito pero que aquí solo aparecen como fantasmas (que es una forma más correcta de referirse a una foto, si nos remitimos a la etimología).

Entre la mirada y el tacto

Lo primero que noto es mi cuerpo delgado, mis piernas que apenas me sostienen y que con los pantalones cortos y los zapatos de goma me dicen, antes de que llegue al rostro, lo frágil que soy, lo asustado, lo incómodo que me encuentro en aquel lugar, rodeado de gente que soy incapaz de reconocer. No veo el entorno ni las vestimentas de los demás, la pared del fondo, la silla a la derecha, hasta que comprendo que se trata de la imagen mental más remota que conservo de mí mismo: el flacuchento, que en ciertos momentos quería decir débil y en otros, más socarrones, delicado, femenino (más tarde sería sinónimo de "intelectual").

El tiempo, sin duda, ha hecho su trabajo. La sucesión de las estaciones no es una simple e inocente noria que repite sin cesar el color del cielo, las hojas de los árboles o las exigencias de la vestimenta, eso que, a falta de un nombre mejor, llamamos *el clima* y que en nuestra lengua también se llama *el tiempo*. El ciclo de las estaciones marca tanto ese tiempo "atmosférico" como el otro, *el que verdaderamente cuenta*. Uno es circular, repetitivo y predecible y está asociado a la esperanza (todo ritual de celebración fue en sus orígenes un ritual de fertilidad, del cambio de las estaciones, de las cosechas, de la vida); el otro es o se percibe (o se imagina) como lineal, lo que transcurre y no vuelve, esa fatalidad heracliteana que nos atraviesa y nos envejece.

En estas copias veladas, marrones, casi doradas, me hago consciente de este segundo tiempo y de sus huellas. Esta mujer, a mi lado, y la muchacha que me toma la mano, son posiblemente familiares, tal vez una prima lejana o una vecina, pero solo han sobrevivido como extrañas (como desconocidas: como objeto de una interrogante). Hasta aquí la experiencia normal, digámoslo así, de la contemplación del pasado que quedó atrapado en un papel, gracias a un dispositivo técnico. Lo que no me puede explicar la técnica y de lo que no encuentro consuelo es la constatación, más bien melancólica, de que todo lo que la imagen preserva lo pierde la vida, que la inmortalidad o la longevidad vicaria de la imagen no es sino una mentira, a veces cruel, porque no deja de recordarnos la infranqueable distancia entre lo que vemos y lo que podemos tocar, distancia que la fotografía digital hace más extrema.

El papel puede ser acariciado, besado, sostenido en las manos con amor o con rabia. La foto que solo existe como una configuración de electrones que se estrellan contra una pantalla (o una matriz de diodos que se encienden o apagan), según una disposición numérica, solo puede ser *vista*. Es como si entre la imagen y quien la observa hubiera un grueso vidrio (eso es la pantalla), un muro, una distancia inabarcable que no hace sino poner un término definitivo a la tendencia interior de toda reproducción, la escisión entre la mirada y el tacto. Es esta escisión, lo entiendo ahora, la que en verdad me hace ver tan frágil, tan indefenso, tan triste.

Existencia, accidente, comprensión

Mi hermana menor, que moriría unos diez años después de tomada esta foto, en un accidente que nunca comprendí (¡como si los accidentes se pudieran comprender, como si el ser accidental no fuera en sí mismo esa imposibilidad de entender! Aristóteles: *no hay ciencia de lo accidental* [2]), mira sonriente a la cámara porque, muy probablemente, estábamos riéndonos de alguien (¿de mi padre, que tan seriamente hacía esfuerzos por meternos en el encuadre? ¿de nuestra última travesura? O mejor: de nada y de todo, como es la vida de los niños), mientras yo, distraído, miro hacia atrás, ambas figuras colocadas contra un fondo que la foto no permite distinguir pero que yo sé que es una pared de ladrillos, la medianera que separaba nuestra casa de la del señor que tenía los árboles de frutas que siempre estábamos robando.

Imposible saber ni suponer, casi cincuenta años más tarde, qué cosa me distrajo, por qué esta foto me inquieta como si se tratara de esos dioses bifrontes de los antiguos. Algo llamó mi atención, o tal vez mi padre hizo *click* en el instante preciso en que me movía por moverme, como sucede a veces, sin otra razón que el movimiento mismo, como la risa y otras alteraciones del cuerpo que nos hacen ser niños. Un accidente, tal vez sea esa la respuesta. Entonces, la foto bifronte, ambigua, polisémica (lo digo en broma) es incomprensible.

La pregunta sería, entonces: ¿por qué lo que nunca será comprendido debe o puede ser recordado? Argumentar que la razón y la memoria son "funciones" separadas, como si viviéramos en el siglo XVIII, no me sirve de nada. Eso es precisamente lo que aprendemos de este tipo de imágenes: de cuán poco sirven las ideas heredadas de nosotros mismos y hasta qué punto, como escribió una vez André Breton, *la existencia está en otra parte*.

Melancolía

Dos mujeres jóvenes, como de quince (¿hermanas? ¿amigas íntimas? Van tomadas de la mano) y una de más edad, tal vez unos diez años mayor, caminan por el medio de una calle en lo que parece la zona comercial de una pequeña ciudad, un día feriado (los comercios están cerrados y no se ve tránsito de vehículos en la calle). Se puede inferir la época, que con seguridad son los años cincuenta del siglo pasado, no solo por el peinado y las faldas de las mujeres, sino por algo como una atmósfera que flota alrededor de ellas, como un aura gris, como una melancolía.

Nunca he sabido porqué podemos sentir nostalgia por momentos que no hemos vivido, por épocas en las que no existíamos o por lugares que jamás hemos visitado. Se supone que la nostalgia es el sentimiento de la falta, de lo que se ha perdido y nada que no se haya poseído puede ser perdido, al menos nada físico, para no entablar una polémica inútil con los psicoanalistas. Esa aura de melancolía es como la suma de pequeñas cosas casi imperceptibles: el ángulo de las sombras, que nos ayuda a discernir la hora del día, las manos de las muchachas que se sostienen el cabello (¿una brisa suave?), la separación de las piernas que denuncian un paso levemente apresurado.

La lista, como siempre, puede ser muy larga (no digo infinita, que es lo que en realidad pienso, ya que una fotografía es siempre un espacio cerrado, un momento aislado, un encuadre y una composición y por muy reducidos que sean los motivos visibles, los predicados que les podemos asignar y las relaciones que podemos descubrir entre ellos solo terminan con la imaginación, porque me vería obligado a calificar esta argumentación, cosa que de hacerse siempre nos impediría pensar o escribir) pero lo mencionado es suficiente para elaborar unos escenarios que serán, inequívocamente, como la *bilis negra*: Tres mujeres se apresuran a llegar a su casa mientras la brisa anuncia una tormenta; una ciudad en guerra y abandonada deja a estas niñas indefensas y temerosas en busca de refugio; alguien va a partir —hay un puerto cerca, por eso la brisa— y tal vez no lleguen a tiempo...

Como no podemos ver los rostros, no sabemos si van felices o amargadas, asustadas o esperanzadas. solo sabemos que se alejan de la cámara. Lo que sea que las espera, más allá de este instante, no es lo suficientemente intenso, real, denso o tangible como para cerrar el enigma. Eso *que espera sin realidad suficiente*, sin densidad, sin entidad tangible, es lo que llamamos futuro, esa forma del verbo *ser* que en latín significa *lo que* (todavía) no es. Toda melancolía puede ser, con el debido esfuerzo, convertida en un truismo. Pero ningún truismo podrá jamás (y de verdad, pensé en *el dado que no abolirá el azar*) cerrar el destino de las personas que se nos alejan.

Momento

Un muchacho salta sobre un charco y uno de los grandes fotógrafos que han vivido no solo consigue una foto magnífica, sino que se convierte en un teórico del instante. Después vendrán los desmitificadores, los que carecen de talento, los historiadores y los críticos a decirnos que todo fue posado (es decir, que el momento decisivo se puede manufacturar) y nada de eso logrará romper el encanto de esa imagen. El instante no es ese momento de la realidad que la suerte o el ojo agudo o la sensibilidad privilegiada del fotógrafo sabe capturar para siempre, derrotando, por así decirlo, la arbitrariedad del azar, imponiendo orden, segmentaciones, anclas y barreras en el flujo perpetuo de lo real (aunque nuestro fotógrafo filósofo parezca pensar eso). El instante, por el contrario —al menos así lo creo— es lo que perdura en la imagen, esa densidad casi infinitesimal de tiempo, ese $t + delta\ t$ que la foto delimita. Si las circunstancias así registradas fueron aleatorias o planificadas, si se trató de un talento para presentir lo que va a ocurrir o, por el contrario, para acelerar el que ocurra, si todo fue verdad o fue mentira, es absolutamente irrelevante: el instante seguirá latiendo, palpitando suave e imperceptiblemente entre el papel y la capa de fijador y seguirá siendo decisivo para siempre (¿no sucede, acaso, con el miliciano de Capa?). Muchas veces, las malas teorías, esos conceptos atropellados con los que los practicantes de un arte le dan sentido a lo que no lo tiene, no son malas por ser falsas, sino por ser a destiempo, por recaer sobre los objetos equivocados o, como en este caso, por la pereza mental de sus detractores.

Pájaro sobre libro

(dice en el reverso)

Hay que acercarse mucho — en mi caso, quitarme los lentes— y casi tocar el papel con la nariz para distinguir un pájaro detenido sobre un libro de una simple mancha, posiblemente no intencionada. Que es un pájaro se sabe por su leve inclinación y por una especie de energía latente a través de la cual entendemos o adivinamos que en cualquier momento puede alzar el vuelo: es la posibilidad de volar, la potencia cinética que alberga lo que lo delata.

También lo sabemos porque una anotación del fotógrafo en la parte de atrás, así lo dice; es obvio que esta explicación más prosaica (que me recuerda a un chiste de *Les Luthiers*) sería innecesaria en un mundo menos escéptico o, lo que es más o menos lo mismo, las anotaciones en las fotografías, que generalmente son recordatorios de fecha y lugar o pensamientos que se han de trabajar más tarde, cuando se refieren al sujeto fotografiado, no son otra cosa que el gesto de una época incrédula, que debe repetir en palabras lo que ya expresó por otros medios.

El libro está en medio de la calle, olvidado o arrojado por alguien que quería deshacerse de él. No hay viento, sus hojas no basculan como las olas en el poema de Denise Levertov (*Al lector* [3]) y tampoco hay manera de saber si el fotógrafo pasaba por ahí y decidió retratar aquel objeto con un pájaro encima o por el contrario... ya hemos discutido eso.

Foto y realidad

¿Alguien, alguna vez, se ha quejado porque la calle oscura en la que ha decidido transitar —huyendo, tal vez, acortando camino, recorriendo un territorio propio y conocido, espantado— está mal iluminada? ¿Quién, yendo a visitar a un amigo gravemente enfermo en pleno invierno y cubierto por la niebla le reprocha al paisaje que las montañas y los árboles no se ven nítidamente? Nadie, que yo sepa, como nadie objeta que la realidad de todos los días no tenga más dignidad que su propia acumulación, su permanencia, su entrecruzamiento accidental, banal, contingente y muy probablemente evanescente.

Nadie le pide a la realidad que esté bien compuesta, enfocada, iluminada correctamente. A la realidad solo se le pide, con cierta ingenuidad, que sea mejor (que no duela tanto, que sea un poco más balanceada, que distribuya las injusticias con una mano más suave), es decir, se le hacen exigencias políticas, no estéticas (entre otras razones, porque la estética de la realidad depende, en parte, de la calidad de los sentidos y solo en parte de su propia dinámica; una exigencia estética de lo que sucede nos involucraría, nos interpelaría como responsables, *nos mandaría a callar*).

¿Por qué hacer demandas políticas a una fotografía o a un fotógrafo, entonces? Se me dirá que las peticiones que hacemos no tienen por qué ser simétricas ni balanceadas o coherentes (todos criterios estéticos). Es verdad. Esa es la razón por las que la fotografía es una imagen discreta, muda, que en principio parece estúpida. No porque realmente lo sea sino porque no quiere dar excusas a los exaltados, esos que andan por ahí tratando de cambiarlo todo. Mientras que la realidad, ¿qué sería de la realidad sin aquellos que la cuestionan, de las fábricas sin saboteadores, de las universidades sin intelectuales, de las calles sin malandros?

Una *stasis* permanente, es decir, una perfección, una divinidad muda, una irrealidad. Toda foto es humana, antes de ser imagen, aun las que son imágenes de lo inhumano.

La fachada de mi casa

No tengo la menor duda: se trata de la fachada de mi casa, de la que fue mi casa, de ese lugar al que añoramos volver, aunque en realidad, si cuento mis años, allí solo transcurrieron menos de un cuarto de los que hacen mi vida. Pero es allí donde hubiera querido volver. Unas circunstancias desafortunadas, un pleito de familia, me despojaron irremediablemente de esa posibilidad.

Constato lo que nunca he olvidado: su carácter sereno, equilibrado (la diseñó mi abuelo, que era un arquitecto de prestigio), expresa una época de relativa inocencia de la clase media, estable y segura de su papel en la sociedad; ostenta dos balcones (uno del cuarto de los varones y el otro de las hermanas, antiguamente la biblioteca) con rejas que la foto ha reducido a tonos de gris pero que siempre fueron amarillas.

El zaguán está franqueado por un arco nada llamativo, aunque elegante, esa manera de hacerle saber a los demás que eres superior sin decirlo directamente. ¿De qué me sirve la foto? No la necesito para recordar, ni como testimonio (Barthes) de que existen o existieron mi infancia, mis primeros amores, letras, libros. No la necesito para sanar una pena o reflotar una alegría. Es, en todos los sentidos que puedo pensar ahora, *innecesaria* e *inútil*. ¿Es solo *esta* foto la que no sirve para nada específico o se trata de una propiedad de toda fotografía?

Pregunta torpe: allí están las palabras inequívocas de Barthes, de Sontag, de Cartier Bresson, de Bazin, de Benjamin o de Deleuze. Las teorías tienen algo de paradójico; no importa cuán bien las conozcas (o las elabores), ni cuán dotado estés para la reflexión, la capacidad de establecer relaciones, forjar conceptos o enhebrar palabras. Seas quien seas, frente a la cosa teorizada siempre estarás solo y desnudo cuando se trate de tu propia verdad. Para *eso* es que me sirve esta foto.

Teorías

Estoy sonriente — feliz, sin duda — apoyando mi barbilla en mis manos que se sostienen en los codos afirmados en el marco de una ventana. Entre los dos brazos distingo con claridad el estuche de un rollo de película, que seguramente mi padre acababa de abrir para usarlo conmigo. Tengo una franelita de rayas, como un marinerito. Tal vez cuatro años. Es Caracas, antes de que la familia naufragara en un divorcio que nunca se nos hizo explícito, ya que no dejaban de llegar las postales (en aquella época, la gente mandaba fotografías pintadas con motivos urbanos, las calles de Caracas iluminadas por rayas rojas que en realidad eran la traza de las luces de los carros en una larguísima exposición). Sé que se trata de Caracas, por mi edad y sé mi edad porque ahora que me doy cuenta, por detrás de mí se ve una de esas estructuras cinéticas que hay en *La Central*, donde mi padre daba clases de física. En esta foto sí puedo hablar de memoria, de testimonio, de reencuentro, de felicidad. Los teóricos, súbitamente, tienen razón. No como en la foto de mi casa (en Argentina) donde todas las teorías se volvieron tan inútiles como la foto misma. Aquí Barthes acierta: hay un testimonio, un *estuvo ahí* (aunque, o, mejor dicho, porque he buscado la escultura, he paseado por toda *La Central* y no he tenido éxito, pero *para eso* es que esta el testimonio, ¿no es verdad?). Surge entonces este problema (¿será verdad que toda fotografía es un problema, plantea un problema, da lugar a reflexiones que tarde o temprano se nos presentan como problema?): ¿en cuáles circunstancias una foto puede ser sometida a los dictámenes de la teoría y en cuáles uno solo puede enfrentarse a ellas desnudo de pensamientos y conceptos? ¿Hay algo teorizable en la fotografía, algo cuya presencia autorice a un tratamiento conceptual, mientras que su ausencia nos remite directamente a los sentimientos sin mediación? Cuando los filósofos dicen que imponemos nuestros conceptos a la realidad, nos aclaran que hay algo en la realidad que nos permite imponérselos. Somos formadores, pero solo de aquello que es, en cierta medida y de manera tal vez misteriosa, susceptible de ser formado. El círculo hermenéutico, si se quiere. ¿Toda fotografía está encerrada en ese círculo? ¿O será que hay imágenes que pueden sostenerse solas, que nos anteceden (no cronológicamente sino ontológicamente)? El mundo de Bergson está hecho de imágenes. ¿Hay un Bergson (aunque sea imaginario) que nos construya un mundo de fotografías?

Perro en diagonal

En una esquina formada por ángulos cerrados, debido a la inclinación de la cámara, está como atrapado este perro que camina mal (tal vez tiene herida una pata) y que nos mira como si fuera una víctima. Sabemos que el gato de Derrida inspiró una reflexión sobre el sujeto, el Otro, y la ética. El gato de Montaigne, el loro de Flaubert, el perro de... Este pobre animal que no sería otra cosa que una criatura desgraciada ha quedado plasmado con cierta heroicidad, de hecho, con cierta fiereza. Son las líneas del encuadre las que lo dotan de estas virtudes, diciéndonos una vez más que no hay fotografía inocente o neutra. Pero si me permito este comentario tan banal, tan de crítico de fotografía, es porque, entre el encuentro con el perro y la contemplación de la foto que tomó mi hijo, han pasado dos años y mis emociones no han hecho sino incrementarse. En otras palabras, quisiera saber que el animal está bien, que encontró "un dueño" (¡que expresión tan reaccionaria!), que tiene quien lo cuide. Las líneas diagonales, en verdad, no importan tanto como parece en la foto.

Deleuze en reverso

Hoy he leído, en una revista que sigo por Internet, sobre el trabajo de Boltanski llamado *Moved* y me vino a la memoria un video en el que los rostros muy desenfocados de un álbum de fotografías se fundían unos en otros. Buscando en *Google* encontré una entrevista que hace muchos años le realizó María Elena Ramos, entonces en el Museo de Bellas Artes de Caracas.

Recordé

De niño solía quedarme mucho tiempo en la cama después de despertarme, jugando con la luz, los misterios de la propagación de las ondas, la interferencia, refracción y reflexión. Era un juego solitario, lo que en la infancia quiere decir secreto y por supuesto que no tenía idea de los términos físicos que acabo de enumerar ni podía siquiera imaginar sus significados. Abría lentamente los párpados y me entretenía en vigilar el momento en el que las manchas de colores se convertían en objetos y luego se retraían a su abstracción primera cuando cerraba los párpados una y otra vez. Mis pestañas hacían como de redes de difracción (estoy exagerando) y lógicamente el patrón de formas y colores que se convertiría en "el mundo" nunca era el mismo, como si mis ojos fueran un caleidoscopio natural o una prótesis que llevara desde siempre. Con solo mover mi cabeza y rotar unos pocos grados el encuadre cambiaba radicalmente y, por decirlo de una manera, el foco y la composición solo se daban en función de un placer totalmente gratuito, es decir, verdadero. Frente a mi cama había una pequeña biblioteca (un mueble con unos seis anaqueles) con libros que habían sido de mi abuelo y que por alguna razón no estaban en la biblioteca, el cuarto simétrico con el mío que poco a poco se convirtió en el dormitorio de mis hermanas. Pues sobre esta biblioteca había un cuadro, una foto azulada de un señor con barba y mirada exaltada —como si hubiera realizado grandes proezas y se detuviera a contemplarlas, satisfecho— como los retratos de los próceres que había en la escuela. Se trataba de un bisabuelo o de un tío lejano, nunca lo tuve muy claro. Pero tengo clarísimo en mi memoria ese momento en el que el objetivo de mis ojos se dirigía a mi prócer privado y lo ponía fuera de foco, lo hacía borroso, lo descomponía en manchitas móviles grises y verdes que eventualmente se disminuían en la oscuridad de mis párpados cerrados, donde apenas latían como puntitos intermitentes y casi sin vida. Era como el proceso de *rostrización* (lo siento, esa es la traducción atroz con la que el concepto deleuziano ha llegado a nuestro idioma) invertido, como si la supercodificación del rostro se desintegrara en átomos imperceptibles. Creo que es la primera fotografía que imaginé en mi vida.

Paisajes I

La soledad es o puede ser una maldición cuando no resulta de una búsqueda deliberada sino de la imposición de los otros, de la naturaleza o de fuerzas desconocidas. La soledad buscada (estadosentimiento) es una compañera amable y es la condición *sine qua non* para ciertas experiencias que van, desde aquellas que requieren esa forma devaluada de soledad que hoy llamamos privacidad, hasta las que se dañan o se hacen imposibles ante la mínima interferencia de otro ser humano (por razones que aquí debo omitir, la soledad solo es tal respecto de nuestra propia especie y de sus formas parasitarias: ni los animales, ni las plantas y mucho menos los objetos la impiden, pero sí la voz o la presencia de otro humano y también un fantasma, un ser anacrónico e incluso un recuerdo, cuando adquiere cierta materialidad); por eso tal vez no exista lugar más propicio para experimentar este sentimiento-situación que un espacio abierto, la montaña o el mar, las amplias llanuras, eso que a falta de una palabra mejor llamamos *paisaje*.

¿Quién me diría que una montaña o un bosque —un árbol— carecen de espíritu, incluso de personalidad? (Sabemos, por ejemplo, que algunos árboles se comunican a través de redes subterráneas de rizomas). Ciertamente no carecen siempre de rostro, de tal manera que este árbol no es igual a aquel otro ni esta montaña nos mira o nos recibe con los mismos gestos que la de más allá. Lo importante de estos seres es que no son humanos, que no están contaminados por ese terror a la inexistencia que nos define y caracteriza, no necesitan hablar sino que se contentan con expresarse (las grandes montañas con formas, plegamientos y matices de color que indican la temperatura o la vegetación, los árboles y los bosques con coreografías, con mapas de ramas, insectos y pájaros) y por lo tanto no ponen límite a la expansión de nuestra fuerza, ni se interponen para cercarnos ni se molestan por que los traspasemos. Cuando logramos registrar un paisaje estamos en realidad registrando esa libertad, esa expansión sin límite que se acaba allí donde merman naturalmente nuestras fuerzas anteriores y pueden reposar ya detenidas como una sombra de vida, no como la muerte que no es un reposo sino una imposibilidad definitiva (Fáver Páez la nombra: *la imposibilidad de lo demás, la soledad absoluta*). Todo esto es lo que veo en mi recuerdo de la exhibición de *Espacios Interminables*, de Carlos Martino.

Rostro, sonrisa, instante

Tomemos un rostro cualquiera, un retrato frontal o un rostro que mira quieto hacia nosotros. De todas sus infinitas posibles contracciones musculares, de todos sus gestos, de toda expresión posible, tal vez ninguna más pequeña, más delicada, que una sonrisa. Más que un parpadeo o una mirada intensa, más que un sonrojamiento o una palidez de asombro, la sonrisa ilumina, comunica y acerca.

Pero, ¿es la sonrisa un mero dibujo, la forma de una mueca, la trayectoria de decenas de músculos, el mapa de un sentimiento? Creo que más bien se trata de un movimiento, que más que un mapa es un recorrido. Por breve que sea, por instantánea e imperceptible que resulte, esta mueca siempre se adivina, se supone, se imagina. El tópico de la sonrisa de Monalisa. El misterio de esa sonrisa solo es pensable desde el movimiento que se encuentra atrapado en el lienzo, que lo reduce a figura cuando se trata de una duración.

En *La Jetée* de Chris Marker, esa extraordinaria secuencia de imágenes, esa meditación de instantes que se suceden inmóviles y que alcanzan su clímax, difícil de apreciar la primera vez, cuando Monalisa sonríe, en el único fragmento que se mueve en este film hecho de fotografías quietas.

La sonrisa moviente de *La Jetée* es un instante ejemplar. Así son en realidad los instantes, son duraciones que parecen quietas, son sorpresas, creaciones, insurgencias de lo inesperado, asombros que rompen la continuidad que es solo imaginaria. Esta sonrisa de Marker nos muestra que una duración puede ser la suma de instantes de valor casi nulo, como la suma de infinitesimales de longitud despreciable resulta en una cantidad pensable.

Notas para fotografía de un hombre que se interna en un bosque por un camino envuelto en niebla y llovizna

I

En este paisaje las variables de la naturaleza no pueden ser pensadas independientemente del cuerpo y sus reacciones. El frío no es el nombre de un rango de temperaturas sino la piel de gallina y los pequeños estremecimientos que recorren el cuerpo, minan la precisión de los movimientos, colorean los gestos. La lluvia o el aire húmedo no son una cantidad de agua que nos envuelve sino una molestia imprecisa que se mezcla con el sudor, enturbia la vista y disminuye el brillo de los colores, como un filtro. Porque la fotografía es como un operador que transforma las variables físicas en la evocación de sensaciones. Contrario a lo que la intuición popular dice, la fotografía no reduce la realidad a matices de negro sobre un papel, sino que convierte las dimensiones cuantitativas de lo real en imágenes más allá de ellas mismas: un campo de intensidades que se interfieren y modifican según sus propias leyes.

II

De eso se trata, claro está, el anverso de la fotografía. Un campo de intensidades no es ni puede ser algo estático. Cuando la palabra fotografía se usa en el sentido equívoco de la captura de un instante, como si se tratara de la inmovilización definitiva de algo que cambia perpetuamente, se tiene una visión muy limitada y eventualmente falsa de la foto. Si fuera verdad que el tiempo se congeló definitivamente en un *mapa de bits* o en una configuración fisicoquímica sobre un papel no sería posible discernir los diversos desequilibrios, las líneas de fuerza y empuje que se muestran en cualquier copia, por mal hecha que esté. Mira esta pareja que tomada de las manos camina como indiferente (¿abstraídos en su romance? ¿tal vez solo practicando una escena teatral o discutiendo un asunto de dinero? ¿cómo saberlo?) ¿No ves acaso que en cualquier momento ella pudiera voltear el rostro o soltarle la mano o gritarle o besarlo o escapar desesperada o abrazarlo igualmente desesperada? ¿No eres capaz de reconocer en él un cierto cansancio, un entusiasmo, una pasión atenuada o una exaltación? Demasiado subjetivo tal vez. Mira las líneas de la vereda, mira los nubarrones en el cielo, mira las rayas de la camisa del niño que les pasa por el lado. En todas partes hay el anuncio de un movimiento, el signo claro de que algo va a suceder. Si das vuelta y miras el reverso de la fotografía, encontrarás unas anotaciones ininteligibles, una fecha, unos números que parecen una suma (¿el precio de las copias? No, tal vez el cálculo de una deuda). Estas afirmaciones son definitivas. Son texto que en su momento tuvieron una interpretación que se nos escapa pero que no podemos esperar que cambie. No hay intensidad aquí, solo extensión, solo el texto que se explaya por una superficie y que jamás nos dirá nada. Es un campo de extensiones.

III

Queda una historia que no está de un lado ni del otro sino en los bordes, en las esquinas, en las múltiples capas de polvo, grasa, tinta, manchas diversas, insectos, huellas invisibles, fantasmas. Es la dimensión transversal, el tiempo externo de la fotografía, el que la ha atravesado y envejecido. ¿Es un solo tiempo o por cada grumo negro pasa un tiempo diferente? ¿Es un envejecimiento totalmente contingente, resultado del trato que ha sufrido la imagen, de los lugares que la han conservado, de la buena o mala voluntad de sus dueños o, por el contrario, es un tiempo inmanente, fatal, inequívoco del que los rastros físicos son meros accidentes?

En otras palabras, ¿hay además del anverso y el reverso, un *transverso* de la fotografía? Si a este y a aquel corresponden la intensidad y la extensión, ¿cuál es el concepto de esta tercera dimensión temporal?

Fotografías

Las esquinas están gastadas y a veces rotas, pareciera que son lo primero que se daña. Será por la costumbre de agarrarlas por ahí, como evitando poner los dedos sobre la imagen, la esquina como un gancho imaginario, una manija. O tal vez simplemente la forma cuadrada o casi cuadrada de estas fotografías es como demasiado artificial y el uso, la erosión, tienden a una forma menos artificial. La forma de la copia en papel, es obvio, influye en la manera en que la imagen se va deteriorando. Grietas diagonales, resquebrajamientos, dobleces que nacen de tanto guardar y cambiar de lugar estas imágenes, estas son los surcos marcados por del tiempo segundo de la foto, o tiempo exterior, el que circula por su superficie, el marco temporal en el que existe como objeto (el tiempo primero o tiempo interior es el tiempo atrapado en la imagen, ese fragmento ínfimo de duración que visto desde afuera parece idéntico al tiempo de exposición y cuyas huellas son las micro variaciones que se acumularon mientras el obturador estaba abierto, rápidas como para no ser vistas, lentas como para dejar su testimonio microscópico).

Tomo en mis manos las imágenes y las envejezco con grietas, dobleces y manchas que a su vez me obligarán a manipularlas para minimizar este daño y así la suciedad de la imagen, su impureza y deterioro, su pátina, su vejez, son consecuencia y causa a la vez de mis esfuerzos por preservarlas.

Habitan en cajas, a veces en latas de galletas, en gavetas, en bolsas. Habitan en álbumes que imponen un orden y por lo tanto un sentido: cronológico, familiar, por situaciones o sentimientos o por descuido.

Algunas llevan anotaciones por delante o por detrás, etiquetas, restos de papeles donde estuvieron adheridas, marcas de corte, esquinas adornadas, pequeños marcos de cartón o de plástico.

Sontag dice que la fotografía debe mostrar lo que queda fuera, lo que el encuadre deja por fuera. Esta afirmación es la consecuencia política de suponer que todo encuadre es una selección y que toda selección implica una decisión y una toma de posición. Su admiración por *Yo te saludo Sarajevo* de Godard, su declaración de que esta es una manera ejemplar de leer una fotografía supone lo anterior. ¿Es esto siempre cierto?

Cierto es que algunas imágenes son el producto de una selección que resulta de una toma de posición. Es el caso del periodismo o de una fotografía estética que supone un testimonio. Esta es la escogencia de la voluntad (de afirmar, de negar, de mostrar, de ocultar). Pero esta no es ni la única ni la más frecuente ni posiblemente la más importante de las selecciones. Veamos un álbum familiar, cada foto es, sin duda, el resultado de una elección, cada encuadre es un fragmento de un todo, pero esta elección y este fragmento no son instrumentos de la voluntad necesariamente. Hay encuadres de la ternura, de la desesperación, del encanto. Seleccionar para preservar no significa negar lo que queda fuera, así como seleccionar para ver mejor no significa ceguera de lo no seleccionado.

De hecho, no es verdad que toda afirmación implica una negación ni que una selección sea el reverso de una exclusión. O, mejor dicho, la afirmación en sentido formal es la suma de las negaciones complementarias, como partes de una afirmación. Pero una foto no es necesariamente una afirmación, como lo demuestran los innumerables ejemplos de insinuaciones, de atisbos, de reflejos, de miradas al sesgo, de marcas de una presencia, de juegos, de ilusiones, de mentiras, de solicitudes de perdón.

Lo que queda fuera del marco es importante y es verdad lo que Sontag dice, que debe influir sobre la foto, debe hacer sentir su presencia. solo que el marco no es siempre el marco físico de la foto y no siempre un fragmento excluye lo que le rodea, y no siempre lo que no se oye es silencio ni lo que no se ve ocultamiento.

Las imágenes digitales, que para ser vistas requieren de un dispositivo, que carecen de materialidad — cuando se imprimen, dejan de ser digitales — no se degradan, no envejecen. En algunos casos, es necesario introducir una cuota de materia. La imagen debe pesar, debe ofrecer resistencia, debe convocar el músculo, el tacto, el olfato.

Coordenadas

Más de una fotografía, más de tres o cuatro, más de diez y pensar en ellas comienza a ser un problema en sí mismo. Si querías pensar en los colores o las formas, cuando tienes cien o mil o un millón de ellas, tienes que pensar primero en cómo llegar a las cosas mismas, a las superficies sobre las que está registrada una imagen; si quieres recordarlas, guardarlas en la memoria para contemplarlas en tu soledad, como cuando uno tararea una canción o recita en silencio un poema, necesitas una notación, un lenguaje para una partitura: necesitas un sistema de coordenadas. El número importa. Nos impone una lógica que le es propia y que sobredetermina lo que cuenta. Una fotografía invita a una contemplación. Tres, a una comparación y diez o más a una clasificación. Pero cien fotografías no nos invitan a nada sino más bien nos desafían, se nos escapan, se escurren de la mirada como agua entre los dedos. Más allá del catálogo, de la clasificación y el orden, las coordenadas nos llevan a un espacio y una topología, a líneas de fuerza, a tensiones subterráneas o invisibles. A diferencia de un mapa, las coordenadas de la fotografía no consisten en un conjunto de números, en distancias y direcciones, en señales, sino más bien en una base vectorial, en los componentes que hacen a una foto. Tanto de *rojo*, tanto de *mujer*, tanto de *cielo* y tenemos esta imagen de una muñeca solitaria en un piso, adornada con un vestido de niña. Tanto de agua, tanto de *transparencia*, tanto de *noche* y aparece esta mujer joven sumergida en un lago, con la punta de la nariz a un centímetro de la superficie, que nos sonríe. Con el trabajo de Orlando Baquero tuve que aprender que para pensar la fotografía se requiere saber de geometría, de altas matemáticas, de cartografía y de biología y por encima de todo, de metáforas. He diseñado un pequeño sistema de coordenadas para sus últimas tres exposiciones. *Mujer, rojo, transparencia, noche* son la base de *Iconografía sencilla*. *Humedad, silencio, muerte, luna* y *campanarios* me permiten representar (reconstruir en mi memoria, imaginar) las fotografías de *El eco de las sombras,* trabajo inspirado en Juan Rulfo. Por qué sucedió esto precisamente con Baquero y no con otros fotógrafos tal vez tenga que ver con mi cercanía personal con el artista, con la posibilidad de presenciar su trabajo o conversar a fondo sobre lo que este significa. Pero creo que tiene más que ver con el hecho de que en sus fotografías las líneas invisibles se hacen visibles y las fuerzas ocultas se insinúan de una manera muy particular, como si las fotos le dijeran al crítico: *mira esto, sigue su derrotero, explora sus consecuencias.* Tal vez un día existan una topología de la fotografía, una ciencia de construir bases vectoriales para expresar estas imágenes como puntos en un espacio imaginario: la geofotografía, una rama de la magia o de la poesía, una ciencia auxiliar de los críticos y de los fotógrafos, un sistema de notación con reglas precisas. Semejante disciplina permitiría imaginar fotografías antes de tomarlas o dejar constancia de imágenes soñadas sin tener que materializarlas, además de la facilidad de almacenar descripciones puras como si fueran objetos y la posibilidad de mantener discusiones en la oscuridad, enunciando componentes y marcas de expresión.

Notación

¿Cómo se construye un sistema de notación fotográfica? Se toma el corpus de un practicante, se selecciona una muestra representativa (?) y se factorizan los componentes más intensos, aquellos que se dejan descubrir con tan solo una mirada de reojo. El procedimiento es relativamente sencillo, como en el álgebra elemental, cuando uno obtiene el mínimo común múltiplo, solo que aquí no se trata de un número sino de un conjunto de metáforas. ¿Cómo sabemos que el sistema es correcto? Probamos reconstruir mentalmente cada fotografía a partir de sus vectores de base o de su partitura y comparamos la imagen mental que resulta con el recuerdo que tenemos de la fotografía misma. ¿No será esta una operación subjetiva y arbitraria? Pues claro que sí lo es. Lo que no es, lo que no puede ni debe ser, es un marco interpretativo, una explicación, una manera de elucidar. La foto es ella misma y si acudimos a una taquigrafía para representarla es solo en beneficio de los admiradores solitarios, remotos, ausentes: que todo aquel que tenga acceso a una cifra pueda pensar e imaginar la fotografía. Una notación, al fin y al cabo, es no solo ni principalmente un medio para la reproducción sino también y a veces exclusivamente, como toda partitura, el recuerdo formal de una experiencia.

Fotografías abstractas I

Una abstracción irredimible, quiero decir, imposible de aproximar a lo real o a lo concreto, sino condenada a permanecer inasible por un concepto. Eso es una fotografía que solo puede ser descrita repitiéndola línea por línea y punto por punto, en una redundancia absoluta. solo da cuenta de ella una fotografía de sí misma. Es intransitiva. No hay ecfrasis que le haga justicia. Es el punto final de un recorrido que deviene tautológico. No es, sin embargo, idiota, ni onanista ni carece de sentido o de forma. La foto abstracta es ella misma y no puede ser otra cosa, extraño privilegio que solo comparte con la música de Bartok, con los últimos cuartetos de Beethoven. Con el Arte de la Fuga.

Un hombre es un hombre es un hombre

La obra ciclópea de Christian Boltanski contiene numerosos juegos de identidades confusas. Un rostro puede ser otro rostro y el álbum de su familia es en realidad el álbum de su amigo Durand. Un muchacho al lado de otro al lado de otro, hasta el cansancio de la mirada, se nombran todos como yo y en una colección interminable de víctimas y verdugos todos son indistinguibles. Estas fotografías no nos hablan, sin embargo, de la temida posibilidad de la sustitución, de la pérdida posible o real de lo que nos hace únicos, sino por el contrario, nos enfrenta con la verdad filosófica de que lo uno solo existe en lo múltiple y la dignidad de lo insustituible solo se hace aparente cuando comprendemos que no podemos distinguirnos de otros por nuestra sola imagen. Rostros multiplicados, cuerpos, ropas, ahora ya fuera del marco de la fotografía (esa zona que Susan Sontag insistía es lo que la fotografía debe hacer pensable), en el espacio de la instalación cuyas fronteras con la realidad ordinaria, suponiendo que tal cosa exista, se hacen confusas o impensables. La foto fuera de la foto.

Testimonio

La gloria o la miseria humanas, los temas de la poesía y el arte occidentales en la época clásica y moderna, la abyección, la soledad y la precariedad en el arte actual, sea realista o abstracto, minimalista o expresionista, surreal o documental, son solo posibles porque alguien da testimonio de la condición humana. Ese alguien no es necesariamente el fotógrafo. Puede ser un narrador, real o ficticio, una comunidad o un espectador imaginario, como los dioses o las almas de los muertos. Eso está claro: sin testimonio no hay arte. Pero, ¿es verdad que el testimonio es la obligación específica de la fotografía? ¿Es verdad que esta imagen da cuenta de algo que estuvo ahí, como quiso Barthes y como da a entender la mayoría de los críticos y de los fotógrafos? La fotografía puede, de hecho, ser testigo. Muchas veces lo es antes de ser otra cosa o antes de que otra cosa lo pueda ser. Esa es una de sus posibilidades. Reducirla al rincón donde se atrapan las realidades humanas es empobrecerla y cerrarle el camino a su naturaleza más profunda e inequívoca: construir el mundo de las imágenes (que, para algunos, como Bergson, es *el* mundo).

Árboles, tigres, rostros

La simetría es, en nuestra tradición cultural, uno de los elementos constituyentes de la belleza, como la armonía, el equilibrio y la proporción. En las matemáticas y en la física la simetría no es solo un rasgo de la belleza de las ecuaciones, sino que puede ser un indicio de su verdad. Es curioso entonces que cuando la simetría se impone al objeto fotografiado, ya sea con artificios del cuarto oscuro o manipulaciones digitales, el resultado vaya más allá de la belleza y se acerque misteriosamente a lo inquietante. Es el caso de los rostros simétricos de Alex John Beck. Su perfección es tal que resulta atemorizante y lo que se hubiera imaginado una belleza sin par termina siendo un rostro siniestro, en el sentido que le dio Freud a esta palabra en su célebre ensayo del mismo nombre. El rostro humano es sin duda simétrico, no en el sentido de que una mitad es la imagen especular de la otra, como en la geometría, sino en el sentido biológico y más bien metafórico: lo que hay de un lado lo hay del otro: ojos, oídos, fosas nasales y en general las formas del rostro están igualmente repartidas. Los órganos impares, como la nariz, se encuentran en el centro y no desdicen de esta propiedad. Acentuar la simetría, ir más allá de lo orgánico hacia lo geométrico es lo que produce este extrañamiento del que hablamos. Ahora bien, la naturaleza no es, en ningún sentido del término, simétrica (y por naturaleza nos referimos a la naturaleza fotografiada, esencialmente al paisaje, no a la estructura atómica o a los gigantes cósmicos). Es imposible un árbol que distribuya sus ramas de manera equilibrada como no hay montaña, risco, acantilado o mar que en ningún sentido sensato de la palabra pueda llamarse simétrico (estamos obviando el caso favorito de los paisajistas, el reflejo en los lagos de montañas y árboles, simetría esta que no pertenece a la naturaleza sino a una específica configuración de un fragmento de la misma). Es por eso que el trabajo de Carlos Martino, *Espacios metareflejados,* en los que el paisaje ha sido sometido a una transformación similar a la que Beck hizo con rostros humanos no luce siniestro, no se nos aparece como una belleza exagerada y por lo tanto artificial y falsa, sino por el contrario, expresa un misterio, es decir, una búsqueda que no ha llegado a su fin. Estas simetrías impuestas a la naturaleza son como un velo levantado antes de tiempo, una especie de violación del pudor del paisaje. Blake llamó "horrible simetría" a la del tigre de su poema, que Borges conservaba en su memoria: tigre ideal o imaginario y sin duda imposible. Los espacios simétricos no nos inspiran horror sino una inexplicable melancolía, una vergüenza, si se puede decir así, una dosis inocente y culpable a la vez de violencia hacia lo natural. No hay fotografía inocente o neutral: siempre se trata de una elaboración esforzada, difícil, en la que uno se ensucia las manos, como cuando se trabaja con el barro. Una búsqueda que no ha llegado a su fin. ¿Es permisible toda búsqueda? ¿Legítima? ¿Es la búsqueda, como expresión de la curiosidad y del sentido de expansión de la potencia humana, justificación suficiente? Estas fotografías sirven para meditar este problema y no es poca cosa.

Trascendencia

Me río y me tapo los oídos. Me están gritando algo que no quiero escuchar o acaba de pasar un avión por encima de mi cabeza (uno de los ruidos que más temía en la niñez). En cualquier caso, eso que no escucho es externo a mí porque la risa es una indicación clara de un bienestar, que en situaciones normales es el estado de reposo de la infancia. Me rodean unos objetos que ya no es posible distinguir con certeza pero que los puedo aproximar: una caja de frutas, un triciclo (recuerdo que tuve uno) y más atrás, la ventana del comedor, donde alguien acaba de pasar y de quien solo se ha registrado ese paso. Un tránsito rápido (es una distancia muy corta). No se ve un cuerpo parcial o el resultado de un braceo sino como un celaje, la punta de un vestido, los extremos de un cabello. Imagino que se trata de mi tía (mi madre nunca lleva el pelo suelto). Es obvio que me sigo riendo, que seguiré riendo en este pedacito de papel, aunque esa risa corresponda a una felicidad extinguida. Esta supervivencia de la risa (y no de la felicidad), de los gestos (y no de la realidad que los habría inspirado), es decir, la supervivencia de signos y no de sentidos, desmiente toda pretensión de trascendencia, toda metafísica de la fotografía. Eso me hace feliz, hoy, cincuenta años después.

Vestidos para una fotografía

Nos han vestido como a personitas porque mi padre ha venido de lejos (ese lejos de mi niñez que es mi presente, Venezuela) y nos van a llevar a tomarnos esta fotografía. Mi hermano, de pantaloncito corto y remera (que aquí le decimos *franela*), mis hermanas, hermosas, de vestidos que parecen salidos de una revista de modas que compra mi mamá todos los miércoles (nunca las veía así, solo cuando nos tomaban fotos) y yo de traje (recuerdo que era gris) y una corbata ridícula. Estoy tan consciente de lo artificial de mi apariencia que hago una mueca burlona a la cámara de mi padre, que está tomando esta foto antes de que vayamos a tomarnos la otra foto, la del fotógrafo (por eso los vestidos y la apariencia inocultable de que uno estaba recién bañado y peinado). Una foto que conmemora la toma de otra foto. Auto referencia o paradoja, espejismo, simetría, barroquismo del kitsch familiar en una familia más bien clásica y enemiga del kitsch. La representación tiene razones que la razón desconoce y efectos que el tiempo no puede aminorar. Esa es una de las muchas diferencias entre la imagen inscrita en una superficie rectangular y la vida viviente en tres dimensiones. Una se consume en pasiones y equívocos, pasa de la felicidad a la tristeza y entre estos extremos transita por todas las tonalidades intermedias. A veces, incluso, vive cosas imposibles. La otra esta fija y muda, carece de sentimientos propios, pero los inspira y su propia existencia es, contradictoriamente, una prueba de su imposibilidad.

Superyó

Thomas Mann mira de frente, elegantemente vestido y con una mano descansando en el bolsillo pequeño de su pantalón. Seriedad absoluta y, sin embargo, la insinuación de una sonrisa. Profundidad. Mi amiga Monika Bielser, que es una excelente fotógrafa, no me cree cuando le digo que no he leído *La Montaña Mágica* (tengo 22 años). No se explica por qué viajo con esa fotografía, arrancada de la revista *Du* que compran en mi casa (en mi casa de Venezuela, ahora estoy en Estados Unidos) y yo tampoco. Es como llevar el recordatorio de un ideal al que debo ser fiel. Debo leer muchas cosas cuya importancia doy por descontada (es decir, porque la imagen invisible de mi padre pende sobre mi cabeza y, sin quererlo, la llevo de un lado a otro como un altar portátil). He intentado leer a Mann varias veces. Tal vez, de a poquito, he leído toda la novela, no podría asegurarlo (aunque puedo explicársela a quien me pregunte, analizar sus personajes y citar párrafos enteros). Creo que mientras lleve conmigo esta fotografía seguiré dándole largas a este deber pendiente. ¿Testimonio? ¡Para nada! Esta fotografía es parte de mi superyó.

La niña de Corinto

Es verdad: tratamos muchas veces —y contra toda evidencia de posible éxito— de detener el tiempo y también es verdad que en algunos casos creemos que la fotografía sirve para eso. Queremos creerlo. Nos permite no solo someternos (o someter a otros) al ritual que, aunque hoy esté banalizado o facilitado por la sencillez tecnológica, en un momento era todo un acto social que implicaba vestirse y acomodarse para ir al estudio. Estamos obligados a inventar nuevas y mejores estrategias de conservación. Álbumes, cajas, gavetas, baúles (hoy, mayoritariamente, discos, *pen drives*, "la nube"); en algunos casos retoques y regeneración de negativos. Si la historia de Plinio es cierta o no es irrelevante. Es una historia hermosa y, además, posible. De hecho, es altamente probable que una niña haya tratado de registrar la silueta de su amado dibujando el contorno de su sombra. Ni ella ni él existen hoy, ni el dibujo ni mucho menos la sombra. O, mejor dicho, tal vez sea la sombra, esta vez en forma de historia, lo único que sobrevive (Demócrito: *la historia es sombra de obras* [4]). Es obvio que en aquellos días lejanos no se podían construir álbumes, al menos no con el mismo método y la preservación del registro requería más ingenuidad que amor y más inocencia que esmero: el dibujo en la pared, tarde o temprano, se borraría. Nosotros esperamos el mismo resultado que aquella joven, pero sin ninguna de sus angustias. solo procedimientos, formatos de almacenamiento, protocolos digitales. De nosotros no quedará una sombra como historia sino, en el mejor de los casos, un manual de usuario.

Elsa y Alfredo

André Gorz, una de las influencias más importantes de mi vida intelectual, escribió un hermoso librito llamado D, la inicial del nombre de su esposa Dora, que agoniza y a la que le dice: *Acabas de cumplir ochenta y dos años. Has encogido seis centímetros, no pesas más de cuarenta y cinco kilos y sigues siendo bella, elegante y deseable. Hace cincuenta y ocho años que vivimos juntos y te amo más que nunca. De nuevo siento en mi pecho un vacío devorador que solo colma el calor de tu cuerpo abrazado al mío* y antes de que el libro vea la luz, él mismo se suicida porque, como otras parejas célebres (pienso en la hija de Marx y su esposo) decidieron temprano en sus vidas que no querían sobrevivir el uno al otro. Eso que los boleros y los malos poemas repiten a cada rato, que "no puedo vivir sin ti", fue para ellos una realidad esencial, una marca de su autenticidad. Estas palabras vinieron a mi memoria y las tengo muy presentes mientras contemplo en mi imaginación una de las fotos de Elina Tineo y Carlos Foucault que más me impresionó de su hermoso ensayo fotográfico. La devoción de un hombre por la compañera de su vida, que poco a poco se extingue, no es ni un tema fácil ni mucho menos agradable; su profunda belleza estriba, precisamente en esta doble dificultad. La señora Elsa murió de una enfermedad terrible, igual que Dora y, al igual que ella, su esposo la cuido con una dedicación que solo es posible desde el amor, ese que es de verdad. El trabajo de Elina y Carlos le añade esa dimensión testimonial que no es un mero registro, un discurso visual que dice *esto pasó así* sino por el contrario, un reclamo, un reproche a la vida o al destino: *esto no debió pasar*. Me gusta esta imagen porque puede mostrar el dolor y las negociaciones que el enfermo debe hacer con todas las dimensiones de su vida, incluido el pudor y la tolerancia a la mirada que se debate entre la tristeza y el afecto, como si sufrir no fuera suficiente, sino que debe estar acompañado del sufrimiento de los otros y todo eso se muestra con respeto, sin violentar la dignidad de la persona que sufre y nos obliga a sufrir. La fotografía puede también ser un acto de amor, amor que necesariamente implica una forma de rebelión.

Cordobazo

Desde la terraza de mi casa veo pasar unos soldados agachados, más asustados que nosotros, que guardamos silencio y apenas nos movemos; veo sus sombras desplazarse al compás de la lámpara que cuelga en el centro de la intersección de las dos calles. No sé quién tomó esta foto y estoy seguro de que no fui yo: mi pequeña y primitiva cámara no me hubiera permitido registrar una imagen tan nítida a esta hora de la noche. ¿Un vecino, tal vez? Las reuniones de personas que no son familiares estaban prohibidas, una de tantas medidas inútiles que tomaron los militares en esos días de agosto de 1969. Mucho más tarde, varias décadas después, en realidad, leería en el *Diario de duelo*, el libro que Roland Barthes escribió sobre la muerte de su madre: *Hablar de mamá: ¿y qué, Argentina, el fascismo argentino, los encarcelamientos, las torturas políticas, etc.? Eso la habría herido. Y la imagino con horror entre las mujeres y madres de los desaparecidos que se manifiestan por aquí y por allá. Cómo habría sufrido si me hubiese perdido.* Se trata de dos momentos separados por muchos años que se refieren al mismo lugar, a la misma situación, a la misma gente. Una fotografía también puede servir de puente entre dos experiencias, entre el miedo y el duelo, entre la alegría de la rebelión y la pena por esa derrota última que es la muerte. Pero sin duda que, si ves a veces este puente, esta línea que une esos dos extremos, es porque en alguna medida, algunas veces, es también la vida. La vida, una imagen inscrita en una superficie plana, fijada por una delgada película química, gastándose y arrugándose poco a poco.

La niña y el mar

Esta foto es en realidad el fotograma de una película que Trotsky Vargas está terminando. La vi y no me resistí a pedirle que me regale una copia. La niña es su hija, una belleza de 9 años que apoyada contra una roca —sin duda corriendo un riesgo, calculado responsablemente, pero riesgo al fin— mira el mar con melancolía. Me fascina la serenidad, la seriedad de esta criatura, el compromiso con el trabajo de su padre. Pero si no supiera nada de ella, si fuera una foto que recorté de una revista o encontré en una caja de fotos anónimas, seguiría sintiendo su mirada tranquila, su falta total de artificialidad, su verdad pura e inocente. Que esta mirada tan quieta se enfrente al mar, ese ser inconmensurable que nos amenaza con su fuerza infinita, que golpea las rocas y derriba montañas, que nos antecede en el tiempo y nos sobrevivirá en el infinito de la vida planetaria, que este equilibrio de dos fuerzas tan disimiles sea posible y más aún, sea visible, es el mérito mayor de esta fotografía.

Espejo

El motivo del espejo es un tópico tan gastado en la fotografía, desde los tiempos iniciales del arte, que ya no sorprende y, de hecho, rara vez llama la atención. El rostro que nos mira desde el reflejo de otro rostro que no vemos y todas las complicaciones que podemos construir a partir de esta premisa han sido agotadas en sus posibilidades por el magnífico ensayo sobre Las Meninas con el que Michel Foucault inicia *Las palabras y las cosas*. Si esta foto me conmueve no es ciertamente por su originalidad. Por el contrario, es la conciencia del fotógrafo de estar incurriendo en un lugar común y la manera en que enfrenta ese hecho lo que le da su carácter admirable, lo que le permite escapar de lo sabido —de la repetición— y acceder a la imagen que abre puertas, a la fotografía como instrumento del pensamiento. Esta hermosa joven nos mira desde su reflejo y nos deja ver sus senos desnudos a la vez que podemos adivinar su ombligo y lo que hay más abajo, fuera del encuadre. Pero no es una foto erótica. No es un juego de simetrías y duplicaciones, es decir, no es un objeto barroco y mucho menos surrealista, que son las formas del *amaneramiento* fotográfico de los aficionados contemporáneos. En mi mente recorto la copia, me quedo con el rostro y descartó todo lo demás y todavía continúo disecando y recorto los ojos y otras partes de su belleza y me quedo con la superficie lisa y pura de uno de sus pómulos y entonces, solo entonces, veo lo que toda imagen muestra, siempre, y que muy pocas veces aprendemos a ver.

Mirar

Una manera de mirar, había dictaminado Sontag, en el contexto de una argumentación bastante convincente. Sin embargo, como toda afirmación de carácter teórico, suele confundirse su verdad que está respaldada por una cadena de razonamientos o de afirmaciones y refutaciones, de ejemplos, de énfasis y de negaciones múltiples, con lo que queda de esa verdad cuando la afirmación se piensa en solitario, como mera frase, y se postula como programa.

No es verdad que todas las fotografías tomadas en el pasado o en el presente expresan una manera de mirar. Nunca lo ha sido. ¿Cuántas fotografías no han sido el resultado de un ritual, de una manera de encontrase los amigos o las familias, de una circunstancia como estar de viaje o de visita en un lugar interesante? Muy poco miramos, mucho menos recordamos. Pero hoy en día esto es menos, mucho menos, cierto.

Una manera de mirar implica una intención y esta un sujeto. Las máquinas no tienen intenciones. La mayoría de las fotografías de nuestros días y desde hace ya más de una década son tomadas en forma automática por dispositivos de vigilancia. Son imágenes que nadie mira. Existen para que, en caso de una necesidad (de seguridad, de catástrofe o accidente, de subversión social, de violación de una norma) se puedan reconstruir los hechos e identificar a las personas, loe vehículos y otras muchas cosas. Estos dispositivos, en conjunto, son como la caja negra de un avión, que registra las mediciones de los instrumentos y otras variables y que solo ha de ser abierta en caso de un accidente.

Nadie mira ni pretende mirar la inmensa mayoría de las fotos (y videos) que se registran por decenas de miles cada día, cada hora, cada minuto. Por esa razón, estas fotografías que han sido tomadas para no tener que ser vistas son tan singulares. Recuerdo una oportunidad en que, debido a mis responsabilidades laborales, tuve que revisar una secuencia completa de fotografías tomadas cada tantos segundos. Una en particular expresaba la profunda dimensión de la contingencia humana. Una fotografía que sin ser estúpida ni absurda era ilegible. Su carácter de azar absoluto la despojaba de toda naturalidad.

No habiendo gestos de la persona registrada, poses o actitudes, ideas, sentimientos; no habiendo intención alguna en quien registraba la imagen, pues se trataba de una máquina, la conjunción de ambas des-subjetivaciones no daba por resultado el naturalismo puro y sin mediación sino algo tan deleznable como imposible de describir. Era el encuentro de dos nadas, la carencia absoluta de lo simbólico, algo más vacío que lo que Lacan llama Lo Real y para lo que no encuentro otra expresión que el "sin nosotros".

La fotografía es, en algunos casos muy limitados, una manera de mirar. El resto de las veces es una de las tantas caras incomprensibles del mundo no simbolizado y no simbolizable. No el residuo que se resiste al concepto o la imagen, como quería Lacan, sino la dimensión imposible de lo real.

Fotos carnet

Una foto tipo carnet, de esas que vienen de cuatro en cuatro en una hoja del tamaño de una postal y que se toman por unas monedas en unas cajas cerradas por una cortina, que se encuentran en algunos centros comerciales. Algunos artistas conceptuales han realizado trabajos muy interesantes o curiosos con dichas fotos.

A mí no deja de asombrarme la imposibilidad de evadirse del carácter estúpido de estas máquinas. Uno trata de ser serio y sale con una mueca desagradable. Cuando le quiere hacer el juego y se ríe, sale muy serio o preocupado o asustado. Es como si en la brevedad del flash uno no pudiera sincronizar de manera efectiva los músculos de la cara para que expresen una determinada semejanza con el dispositivo mecánico.

El fotógrafo solía decir a los niños: *miren el pajarito*, y uno sonreía por un tiempo más prolongado del necesario. No había en realidad una sincronización sino un excedente de sonrisa, que de manera más o menos forzada uno estaba obligado a producir. La máquina que toma fotos no nos inspira ningún respeto. No constituye autoridad ninguna. Acudimos a ella no para producir una imagen memorable sino para satisfacer un requisito, generalmente la foto que debe acompañar a una planilla para algún trámite.

El proceso carece de ritual (ha sido sustituido por un procedimiento) y de aura (es una maldita máquina), de autoridad (porque seguimos creyendo que las máquinas nos sirven y no al revés). La cara de estúpido incrédulo y asustado que tengo, multiplicada por cuatro, en esta foto tomada por una máquina, no me pertenece, es el resultado impredecible y a la vez totalmente anodino de una relación intransitiva entre un sujeto y su imagen.

Sherman

Me conmueve la belleza, la sensualidad, la feminidad de esta mujer tan parecida a los sueños que nos enseña el cine, tan cercana al icono imposible de encontrar, a la causa de la infelicidad del hombre que busca lo que no existe y de la mujer que deja de ser vista porque andan buscando a la otra. Sin embargo, me atrae, colecciono los libros que hablan de ella y esta foto en particular me acompaña a todas partes. Creo que comparo cada mujer que veo con esta imagen. Lo hago, sobre todo, con las que aparecen en el cine. Tal vez Kim Novac, que según la leyenda hizo Vértigo sin usar sostén, y que a Hitchcock le molestaba que ella se jactara de aquello. Desde que conozco esta historia, me imagino sus senos más bellos. No estoy seguro. Es como la mujer que es todas las mujeres (como recomendaban los clásicos griegos que se debía pintar la belleza) y por eso mismo no es ninguna. Camina por una calle misteriosa, como perdida. Llena de miedos. Su cuerpo se mueve con una plasticidad de hembra deseante. Es Cindy Sherman, en uno de sus muchos *films* sin título.

Obligada a ser verdadera

Esta imagen ha atrapado el rostro de otra manera, es decir, no porque lo conserve del tiempo o lo rescate del devenir y lo convierta en representación; —a pesar de Sontag *et al*, no se trata de una lucha contra el tiempo y la muerte, o al menos no solamente de eso. Al fijar esta imagen sobre una superficie, ha convertido un proceso en una cosa, una vida en un rostro, una historia en un conjunto de rostros, un paisaje en rocas, montañas y ríos. Reificación: ese es el supuesto triunfo sobre el tiempo. Pero si la mecánica de la fotografía reifica, la mirada de la fotografía debe aprender a reconstruir la vida en la imagen. La sonrisa que se dibuja debe volver a sonreír, así como la nube que es solo una región en el cielo debe cubrirnos con su sombra. Ver la foto es exactamente lo opuesto de tomarla; no solo lo opuesto, sino su otra cara, como el final de una línea no es más que un punto de esa misma línea, igual que su comienzo.

Pero no se trata solo ni principalmente de dar testimonio. Se trata de abrir horizontes, de mostrar caminos posibles, imaginados o reales, sobre la superficie opaca de lo existente. Decir qué cosa somos, cuál es nuestro destino o qué nos explica o redime parecen propósitos medievales, superados por las ciencias y aplastados por la política del presente. Pero podemos tratar de decir qué podemos ser y cuál puede ser nuestro destino, sentido, lugar, alcance y profundidad como especie y como individuos. La fotografía es solo una oportunidad para esta tarea, como lo puede ser la literatura, la política o la música, la meditación o los viajes de exploración, la organización de los trabajadores, la enseñanza y casi cualquier empresa humana. Lo distintivo de la fotografía y lo que la hace singular e insustituible es que este hacer —que es esencialmente humano— lo hace no en la profundidad del tiempo, no en la narración o en la especulación, sino en la propia superficie del mundo. Una fotografía, aun si se trata de un objeto puramente numérico, inexistente fuera de un dispositivo informático, debe encarnarse sobre una superficie, debe estar presente sin un más allá, debe *ser ella misma*, sin excusas, promesas ni mentiras. La fotografía está, por eso mismo, obligada a ser verdadera.

Foto irrepetible

En una conferencia *What's Next?* los fotógrafos Broomberg y Chanarin hablaban de un archivo irlandés de su experiencia en Afganistán y decían que las fotografías de la guerra eran idénticas a las de la Segunda Guerra Mundial, eran clichés. Viendo esta foto de mi familia reunida no puedo evitar sentirla como un cliché, como una foto igual a cualquier otra foto de familia. Clichés de fotos de niños, de encuentros familiares, de guerra, de abstracciones, de "vanguardia". ¿Es posible una fotografía verdadera, hoy, después de ser expuestos a decenas o centenas de miles de imágenes? El fotografiado, el que posa, sea niño inocente o *femme fatale*, soldado heroico o prisionero, ha aprendido a ser fotografiado, de alguna manera sabe o cree saber lo que se espera de él o ella. Del otro lado, el fotógrafo tiene una manera de mirar, espera algo específico. La sorpresa de la foto es el desencuentro de estas perspectivas y conjuntos de expectativas.

Tal vez en estas observaciones hay un error de partida, una premisa no explicitada porque carece de justificación. Si nos sentamos a ver pasar la gente o caer las hojas de un árbol, o estallar las olas del mar contra una roca, tarde o temprano discernimos patrones, clases de equivalencias, formas que se repiten o que parece que se repiten y que, aunque nunca son idénticas, son suficientemente cercanas –o son acercadas por nuestros conceptos, nuestra manera de aprehender lo que percibimos– que podemos aplicarle un nombre. Caminar es mover las piernas para desplazarse de un lado a otro. Todos caminamos, todos movemos nuestras piernas para ir de un lado a otro. Las peculiaridades, las inevitables e infinitas variaciones de estos movimientos, la increíble cantidad de músculos que se contraen y relajan, de huesos y nervios que actúan, de impulsos nerviosos que viajan de un lado a otro del cuerpo quedan subsumidas en este verbo tan simple: caminar.

¿Por qué habría de ser una foto sometida a requisitos de unicidad o de autenticidad más rigurosos que aquellos que usamos con la existencia toda y, en particular, con nosotros mismos, los epítomes de la singularidad? solo cuando me he planteado esta pregunta soy capaz de aceptar esta foto familiar, tan igual a millones de otras y sin embargo tan única e individual como verdadera. La mentira de la repetición, ese fantasma que nos persigue desde las peores pesadillas de la infancia, los espejos y las historias del doble, que se hace más creíble con la existencia misma de la fotografía que nos multiplica y que luego se multiplica a sí misma, curiosamente, puede ser también una señal de nuestra singularidad irrepetible: pero solo puede serlo una vez que nos hemos planteado la pregunta y hemos hecho el esfuerzo de responderla. Por mucho que deteste a Heidegger, es precisamente esa condición de estar abiertos a la interrogación del ente, el *dasein*, lo que nos singulariza a pesar de todo.

Sublime I

Lo que la mirada no puede abarcar de una sola vez sino que requiere de múltiples lances, de giros prolongados de la cabeza, de subidas y bajadas y más tarde, de un enorme esfuerzo de cómputo mental para recomponer los fragmento percibidos, al menos parcialmente; aquello cuyo tamaño en relación con nosotros no puede ser representado por una cifra, una imagen o un símil, porque el propio tamaño lo excluye del dominio de la representación y por lo tanto, solo puede ser aprehendido como afecto, como estremecimiento, como una forma pura y no mediada de encuentro, en fin, eso que desde la antigüedad hasta nuestros días se ha denominado *lo sublime* y que hoy se nos presenta y nos acecha desde las enormidades de la industria, de las estaciones de exploración petroleras o de los puentes gigantes, las mega estructuras, lo que el fotógrafo canadiense Edward Burtynsky llama "paisajes manufacturados" pide otro tipo de registro.

La mirada del hombre, incapaz de producir un conocimiento, se contrae hacia su mero contacto visual y deja de ser concepto para ser afecto. Por eso la necesidad creciente de una percepción no humana, de una estética a-subjetiva. Los sentidos humanos evolucionaron con un paisaje que siendo humano o formado y reformado por el hombre, lo trascendía, estaba más allá, era *lo natural*. El crecimiento, el número desaforado, han abolido la naturaleza, han empujado la tenue frontera entre lo natural y lo artificial hasta que solo están separados por una delgada y frágil película casi transparente.

Estamos cerca del momento en el que la síntesis cognitiva se hace cada vez menos posible y menos creíble, una especie de falsa humildad de la percepción fragmentaria que no es otra cosa que la constatación de que somos prescindibles para lo no-humano, el sin-nosotros. La fotografía de hoy debe dar cuenta de este carácter fragmentario.

Rostro I

El rostro, ese lugar nuestro que como una proa va delante en el camino, es lo primero que ven los demás, es aquello por lo que nos reconocen. Pareciera que su función es la de indicar la identidad, identificarnos, decir: este soy yo, o mejor todavía, así soy yo. La verdad es que sirve también para muchas otras cosas: para amar, se enternece, los ojos se cierran de una manera especial, la piel se enrojece. O para odiar, la frente se contrae, los ojos se fijan en el objetivo, la cara toda permanece paralela al plano de lo que odia. Ver un rostro es seguir una mirada, como un par de líneas paralelas que se prolongan desde los ojos y se reflejan en distintos objetos, se dispersan, se reúnen en algún lugar y en todos estos recorridos forman una red, la red de esa mirada, que cambiará en un instante, permanentemente: una red que va cubriendo el mundo que hay frente al rostro como una tela de araña.

Rostro II

Nada como mirar este rostro que se deja caer sobre las manos que a su vez se sostiene en los codos apoyados en el marco de una ventana. Ese rostro pudiera ser el comienzo de una historia: quién es, por qué está allí, qué ha sucedido hace unos minutos, hacia dónde mira, qué sueña y muchas otras preguntas cuyas respuestas hipotéticas nos permitirían reconstruir una (o muchas) historia(s). Pero el rostro no dice nada porque se encuentra congelado en esos dos o tres segundos que le tomo al fotógrafo (pienso en un tiempo tan largo porque la antigüedad de la foto así me lo permite. De todas maneras, si se tratara de un solo segundo, de una centésima de segundo, de una milésima... nunca dejaría de ser un intervalo, un instante con densidad, que después de tantos años puede contener tanta vida como un minuto o una hora).

Tres niñas

En un rincón, tres niñas de diferentes edades, aunque ninguna mayor de diez años, miran en distintas direcciones, mientras que la muñeca que sostiene la primera y más pequeña parece mirar a la cámara. No es una pose, no hay intención ni ironía en este viejo álbum familiar. Lo puedo afirmar con conocimiento ya que yo mismo tomé la foto, a los ocho o nueve años. Si no fui yo fue mi hermana, apenas mayor, pero es mi cámara, de eso estoy seguro, como seguro de que nunca la compartí con otra persona. La composición, tan dramática, es puramente casual. Todos los momentos que fotografiamos de niño tienen esa dignidad. Esa magia. Esa belleza de maestros holandeses. Es que el encuadre mismo impone una dimensión estética.

Camino

Un camino se curva hacia la derecha y se pierde entre los árboles. A cada lado, piedras, hierbas, algunas marcas de la presencia humana (un cartel, una señal de tránsito, una propaganda de refresco).

Instante II

Una pareja salta y es captada en ese brevísimo intervalo que permanece en el aire. Toda figura que se encuentra en el aire, es de suponer, está allí empujada por una fuerza que, eventualmente, se consumirá y, por lo tanto, será vencida por esa otra fuerza omnipresente que es la atracción de la Tierra: la figura caerá. Lo curioso es que toda figura —como esta pareja— que artificialmente se coloca en el aire es siempre percibida en su punto máximo. Imaginamos, sin vacilar, que pasado el instante que revela la foto, la figura ha de caer. La velocidad es nula en ese instante. Un máximo. ¿Acaso podemos saberlo con certeza? ¿Qué nos indica que han dejado de subir si no sabemos en la propia foto cuándo comenzaron, desde qué altura, con qué aceleración? Nada de eso importa porque en la fotografía, todo equilibrio está a punto de romperse, todo movimiento está en su apogeo, todo ascenso ha llegado a su límite. Se dirá que la fotografía de un cohete ascendiendo rompe esta regla. En efecto, hablamos de figuras cuya situación normal es estar a ras de tierra. Hablamos de figuras capturadas en un instante que no tiene dirección explícita (un cohete sube, o baja, esta pareja *está* en el aire).

Toda figura que la fotografía inmoviliza conserva parte de su movimiento y eso es lo que denominamos expresión. Solo una parte: si el movimiento conservado fuera completo, dejaría de ser una expresión y se convertiría en parte integral de la imagen. Así, el movimiento es un exceso, mismo que empuja a la imaginación a vislumbrar su caída.

Máquina de la mirada

La mirada y sus trayectorias, incluidas las que resultan del encuentro con otras miradas, constituyen un dispositivo, una máquina –parodiando la terminología de Deleuze. Esta máquina se conecta con otras máquinas similares, como: la imaginación, la sensibilidad, los diferentes tiempos y, por supuesto, otros dispositivos de mirada. La fotografía es el plano en el que estas máquinas se articulan y se hacen visibles. Uno de los extremos de este dispositivo toca la imaginación y produce las evocaciones. Otro sirve de palanca para el tiempo, la memoria, los sentimientos.

Pensamiento de la fotografía

Un recuerdo parcial, como todo recuerdo, me hace escuchar dentro de mí palabras dichas hace mucho tiempo, interrumpidas cuando estaban a punto de recibir respuesta o de completar una idea. Incapaz de reconstruir su sentido original, relleno los espacios en blanco con las palabras o expresiones que me parecen más adecuadas y cuando creo que he logrado dominar esta potencia secreta de la memoria me doy cuenta de lo obvio: que las palabras de la juventud cargaban sobre sus hombros significados diferentes, provenían de otros acontecimientos y apuntaban a destinos hoy inalcanzables y que mi trabajo de ajuste no es sino una falsificación. ¿Sería posible una memoria total, como esa que, según algunos, empujó a Proust a escribir sin parar miles de páginas o, más cerca de nosotros, las que proponen la imaginación desbordada de la ciencia ficción, un *total recall* que nos permitiera recuperar las palabras dichas, su sentido, su emoción y así continuar esa conversación interrumpida? Claro que no es posible. Proust mismo solo tuvo atisbos del mundo perdido. Su arte consiste, precisamente, en rellenar de manera hermosa, coherente, verosímil y sobre todo exquisitamente detallada, lo que en su conciencia seguramente no fueron más que fragmentos luminosos y plenos de energía, pero fragmentos, al fin y al cabo.

La memoria total de Funes, el de Borges, que es mucho más refinada y aterradora que la de las malas películas futuristas, no es solo una imposibilidad sino, sobre todo, un inconveniente que, afortunadamente, no se nos va a presentar. Sirve como un límite o un horizonte para la imaginación o la reflexión, un punto lejano e inalcanzable que nos permite esa experimentación sin riesgo, vicaria y de segunda mano, en que se puede convertir la filosofía. Mi recuerdo es parcial, como todo recuerdo, porque sin esa falla de origen, sin esas lagunas, sin lo irremediablemente perdido, la experiencia sería un todo compacto, sin fisuras, una esfera parmediana en la que no sería posible el movimiento. Una plenitud tan cerrada que nosotros solo conocemos como la muerte.

La fotografía me mira con una mueca o un gesto que no alcanzo a descifrar. Como el recuerdo —solo que la fotografía casi nunca es mi fotografía ni mi recuerdo— lo que me llega de ella es fragmentario, incompleto y, por lo tanto, enigmático. El espacio entre la fotografía y mi pensamiento, sin embargo, no es el resultado de una carencia, de una imperfección de la representación o un defecto de la memoria. No se trata de un valle oscuro o un océano proceloso que la imagen atraviesa hasta llegar al lugar seguro de mi mirada y que en su periplo sufre los agravios de la distancia, sus accidentes y amenazas. La distancia es, por el contrario, el conjunto de mediaciones, los escalones que la imagen debe subir hasta la cúspide de la mirada, la distancia –la diferencia– es el espacio, la fractura, la laguna que hace posible, como en el recuerdo incompleto, el pensamiento. Una fotografía transparente, sin mediación, sin recorrido, de contacto inmediato con la mirada, sin el espesor del tiempo y la distancia no es solamente una imposibilidad fenomenológica sino algo peor, más trágico y temible: es la posibilidad de la imagen adherida a la mirada, impuesta sobre su superficie, imagen sobre imagen, tautológica, redundante. La fotografía eleática, la promesa ideal e imposible de la ingenuidad del documentalista, del testigo neutral o inocente.

La mueca que me llega del rostro original, la sombra imprevista que atraviesa el paisaje, la voluptuosidad sorprendente del cuerpo desnudo que alguna vez fue apresado en este marco que observo no son aberraciones que una óptica más perfecta, una memoria digital más amplia o un dispositivo más perfecto pudieran erradicar, ya que estas supuestas deformaciones son lo que la foto agrega a la imagen desnuda. En pocas palabras, son el pensamiento que hace posible la fotografía.

Pero, ¿qué es el pensamiento de la fotografía? Nada más —pero nada menos— que una fuerza constante por mantener en su justa separación los extremos de la memoria, la imaginación y la percepción. Cualquier aplanamiento de este conjunto sólido anula el pensamiento —el aplanamiento solo es posible a expensas del espacio en el que sucede el pensamiento.

Espacios interminables

Texto de la conferencia del mismo nombre dictada en la Escuela de Arte Arturo Michelena, en Valencia, Estado Carabobo, en junio de 2016. Esta conferencia quiso ser un contrapunto entre una serie de fotografías de Carlos Martino (Córdoba, Argentina, 1957) y una reflexión sobre el paisaje. No es ni pretende ser una interpretación de la obra de Martino, sino una reflexión nacida de la contemplación de la misma y de prolongados intercambios entre el autor y el fotógrafo. Las fotografías incluidas (usadas con permiso) representan una pequeña muestra de las proyectadas durante la conferencia.

Según Kant el fundamento de lo sublime no está tanto en la presencia nuda de una magnitud desmesurada o de una fuerza avasalladora, cuanto en el regreso del sujeto a sí mismo como un ser que conserva su dignidad también frente a lo desproporcionado, en tanto insiste en ser un ser racional (es decir, algo que no puede disolverse en la naturaleza)

Peter Sloterdijk, *El mundo interior del capital.*

I

El paisajismo, nombre genérico y probablemente impreciso de la pintura y la fotografía de grandes espacios naturales, desiertos, montañas, llanuras y diversas formaciones geológicas singulares, en tanto que género se asume generalmente como si no fuera más que la selección de un conjunto de temas para retratar o representar. En esta definición, la única relación que el fotógrafo o el pintor tiene con su objeto es la elección.

Por supuesto, se trata de una visión ingenua e insostenible: toda representación no trivial implica una vinculación con el objeto representado, una negociación, un ir y venir por la superficie de lo visible y por los estratos siempre móviles de esa superficie. Muchas veces esta negociación es una lucha: el objeto opone resistencias al caminante, dificultades al explorador: los accidentes geográficos o las inclemencias del tiempo, la violencia de los ríos caudalosos o el manto de niebla que cubre algunas montañas son todas formas pasivas de resistencia. El paisaje que se quiere representar puede resultar inaccesible por la distancia, el tamaño o la ubicación y esta "inaccesibilidad" es una forma de ocultación y, por lo tanto, de resistencia, si se nos permite abusar de la terminología *heideggeriana* (terminología que siempre fue, hay que decirlo, un abuso en sí misma).

Si solo fuera un problema de temas un fotógrafo de paisajes seria alguien que fotografía paisajes en vez de naturalezas muertas, rostros o desnudos y no, como resulta que es el caso, alguien obligado a recorrer espacios, a trabajarlos y leerlos, estudiarlos, penetrarlos y finalmente reconstruirlos desde diversas perspectivas: la suma práctica, no aritmética, de todas estas acciones, es la representación.

"Paisaje" o "espacios abiertos" es, en el sentido de la simple representación, una oposición entre naturaleza y cultura, entre ciudad y campo, entre praderas y edificios. Se trata de una de las oposiciones más elementales y sobreentendidas de la modernidad, y posiblemente una de las que más equívocos propicia. Lo que fue natural para nuestros abuelos nos resulta exótico, cuando no increíble, a nosotros o solo podemos pensarlo en términos de nostalgia, una nostalgia paradójica que consiste en añorar lo que nunca conocimos. Lo que se rechazaba por artificial, como una forma degradada de lo que se produce sin la intervención humana, es hoy un espacio cada vez más reducido, desde la alimentación hasta la sexualidad.

El paisaje no ha sido indiferente a esta confusión de los opuestos. Las construcciones desmesuradas de aeropuertos, factorías e incluso los llamados cementerios de aviones son hoy tan "paisaje" como las grandes montañas y los lagos que celebraron los poetas del Romanticismo. Hay, claro está, una diferencia sustancial entre estos dos universos, pero esa diferencia ya no se ve como dos reinos que no se tocan sino como dimensiones o estratos de la experiencia humana.

En ninguna parcela de nuestra existencia contemporánea se ve más claramente esta difuminación de los límites entre lo natural y lo artificial, sobre todo en lo que tiene que ver con el paisaje, como en las recientes catástrofes de Chernóbil o Fukushima. Hemos construido universos tecnológicos que pueden causar desastres que antes eran privilegio exclusivo de la naturaleza. Los temidos volcanes y los terremotos han sido emulados con creces en su capacidad de destrucción. La única diferencia con el potencial de muerte entre

los paisajes artificiales y los naturales puede estar en un terreno escurridizo de los valores: La Naturaleza mata, por así decirlo, sin responsabilidad. Los desastres causados por el hombre no son solo el resultado de una ceguera sobre las consecuencias de nuestra acciones sino que hemos introducido en el dominio del paisaje el elemento muy humano de la estupidez.

Ha surgido un paisajismo de la industria y la tecnología que, curiosamente, utiliza lenguajes expresivos y de representación similares a los que han desarrollados los fotógrafos de la naturaleza. Esta similitud nos dice más que muchos desarrollos teóricos recientes. Nuestra reflexión, sin embargo, está enfocada en la fotografía de paisajes naturales porque es en estos donde el conflicto de la representación adquiere todo su relieve. Al fin y al cabo, más allá de cualquier adjetivo, los paisajes artificiales son obra nuestra. Son, por así decirlo, *muy humanos en su inhumanidad*. La naturaleza es precisamente aquello que es *inhumano en su inhumanidad* y no se trata de un juego de palabras: es en esa inhumanidad insuperable donde están las claves de la representación que pretendemos analizar.

Cuando el espacio deja de envolvernos, cuando el *ser ahí* se convierte en el *puede ser allá*, con temor, estamos ante el espacio inmenso (seguimos aquí, muy vagamente, la terminología que desarrolla Sloterdijk en su ensayo *Esferas*). ¿Son los espacios interminables susceptibles de ser instituidos más allá del paisaje y, por lo tanto, de la representación? ¿Son, en este sentido y en tanto que inhabitables, socialmente reales?

Son, sin dudas, socialmente reales, como los campos de pruebas de bombas atómicas, los depósitos de aviones abandonados, los interminables paisajes de desperdicios y todo eso que hoy se denomina "lo industrial sublime", de lo que el trabajo fotográfico de Edward Burtynsky es un interesante testimonio. Pero nos interesan los espacios de la Naturaleza y de ellos Carlos Martino da un testimonio esclarecedor.

II

Tomamos una célula, la separamos del tejido al que pertenece y se desespecializa, se vuelve genérica, por así decirlo, desaprende o aprende o reaprende una nueva manera de ser. Un hombre o una mujer separados del colectivo (es una imagen imperfecta, un abuso del paralelismo falso que espero me sea disculpado) y colocados en estos enormes espacios se desdibujan parcialmente, y tiene lugar un desarrollo de nuevas sensibilidades y posiblemente la inhibición de algunas facultades, maneras de ver, sentir y actuar. El espacio inmenso los puede obligar a un nomadismo arcaico, aun si no llegan a perder ninguno de sus hábitos sedentarios. Su estar ahí, su mundo de vida mutarán en un estar-en-la-intemperie, en un mundo del paisaje, su ser ahí será ahora un ver y asombrarse ahí.

Esta desocialización parcial y temporal de su mirada, liberada por ahora de la densidad de presencias y estímulos urbanos (o rurales de baja intensidad espacial) junto con esta ampliación repentina de sus horizontes vitales, se experimentarán como dos fuerzas que hubieran permanecido latentes o encerradas en otros espacios y que empujaban en otras direcciones y que ahora se desatan, comienzan a pulsar hacia la disolución de todas las certezas. El hombre frente al desierto es un hombre en una expansión paradójica de su sensibilidad, porque se trata de un ensanchamiento como el que sufre el volumen de un gas liberado en la atmósfera: se expande hasta mutar y descomponerse en moléculas desasociadas, pierde entidad, deja de ser una *ecceidad* y se convierte en una pluralidad sin coherencia.

A diferencia del gas, regido por las leyes de la mecánica estadística, la sensibilidad humana se recoge nuevamente al salir de la confrontación con el paisaje; esta retracción, este re-dimensionamiento de la sensibilidad no es, sin embargo, una mera simetría de desplazamientos, un tránsito inverso sin consecuencias. Sus huellas son los elementos de una praxis; su testimonio es el temor o el asombro inspirado; su evidencia, la fotografía.

El paisaje como ente pasivo, el espacio metafísico cartesiano, ese medio neutro en el que las cosas están y los procesos se desarrollan pero que en sí mismo es vacío y por lo tanto inmóvil y absoluto, es una construcción filosófica sin realidad concreta y desde hace casi dos siglos ni siquiera el único espacio de las matemáticas o la física, desde que Lobachevski abrió las posibilidades de otras geometrías. Pero tampoco es el espacio del paisaje o solo lo es como simplificación de la síntesis (perceptiva) del viajante o del turista que no se detiene en un lugar sino que lo observa, como en una película o desde un mirador. El verdadero paisaje es un lugar que vibra, se mueve, sufre o se alegra ya sea en la versión casi astrológica del Feng Shui, apta para el consumo occidental o en la más sutil del Genji Monogatari, en el que ciertas direcciones son buenas y otras prohibidas en ciertos días. Es un espacio estriado, marcado no solo por signos y accidentes sino curvado por fuerzas o donde se desarrollan fuerzas que son el fenómeno de esa curvatura.

III

Tengo en la memoria un día lejano de mi infancia en las sierras de Córdoba, donde solíamos acampar y hacer parrilla y una voz lejanísima que logramos descifrar que nos conminaba a salir del lecho seco de un río de montaña. Apenas unos minutos que hubimos recogido nuestras cosas y el lecho vacío era un torrente brutal que arrastraba troncos de árboles.

Los ríos de montaña son traicioneros, decían los lugareños como admonición contra el turista ingenuo que, como nosotros, disfrutábamos de la naturaleza. Nada de espacio vacío y neutro: el paisaje era la expresión quieta de una furia que podía ser interrumpida en cualquier momento, como pasa con los volcanes, las arenas movedizas y en general con cualquier espacio lo suficientemente grande como para que las infinita potencialidades, las turbulencia *in nuce*, se desarrollen y expresen.

Todo valle, todo desierto, toda montaña enorme son el escenario posible de una catástrofe que, lejos de ser el "evento" que interrumpe un idilio que siempre ha sido imaginario, es la pauta que subyace permanentemente. Es por el contrario el idilio, el paisaje benévolo, la montaña amigable, el desierto de los amores salvajes lo que constituye la interrupción, el paréntesis humanizado e improbable de estabilidad.

La fotografía debe captar ambas caras del espacio o corre el riesgo de convertirse en postal, en ese paisaje que nos enorgullece (¡como si tuviéramos algo que ver con su forma!) de los folletos turísticos por una parte o en el mero marco en el que se desarrollan las aventuras por la otra. La verdad es más compleja, menos inocente, menos susceptible de convertirse en un lugar común consolador y melodramático.

Mostrar las marcas que dejó el agua en su paso furioso sobre los muros de un cañón, hacer visibles la fuerza escondida en el espacio vacío, las marcas de su fuerza, la topografía como la historia de las violencias geológicas.

IV

Gracias a la astronomía, a la cosmología y de manera práctica a la astronáutica, hemos aprendido a ver el infinito insondable de los espacios terrestres como una posibilidad de nuestra sensibilidad moderna, y no como, digamos, lo fue para Pascal, un vértigo y un horror. Hemos aprendido a ver, aceptar y valorar positivamente el espacio infinito que la mirada no puede abarcar. Gracias a la pintura primero y a la fotografía después, hemos incorporado dimensiones sobrehumanas a lo que podemos no solo describir sino representar y vivir.

Antes, una llanura cuyos límites se confundían con el horizonte, es decir, que para la mirada y el sentido táctil-tecnológico eran invisibles (y por lo tanto inexistentes) e invitaban a la expansión sin fin, a la conquista, a los sueños imperiales (¿cómo miraba el hombre blanco los terrenos "vacíos" de la Patagonia?) y al sometimiento y eventualmente la explotación o el genocidio, hoy esa misma planicie sin fin es un espacio (o puede serlo, o debe serlo) de exploración mental y ese es el sentido moral profundo que podemos desentrañar del trabajo de Carlos Martino.

Mira este espacio infinito —parece decirnos—, míralo a través de este telescopio-pantalla-panorama-lienzo como si miraras un cielo. Tiene sus estrellas, galaxias y signos misteriosos, sus conjunciones, sextiles y trígonos: tiene la escritura de un destino. La película *Nostalgia de la luz* de Patricio Guzmán, donde mirar al cielo y buscar los restos de los desaparecidos, es una hermosa y terrible ilustración de esta dualidad de la mirada del paisaje como reflejo del cielo, y viceversa.

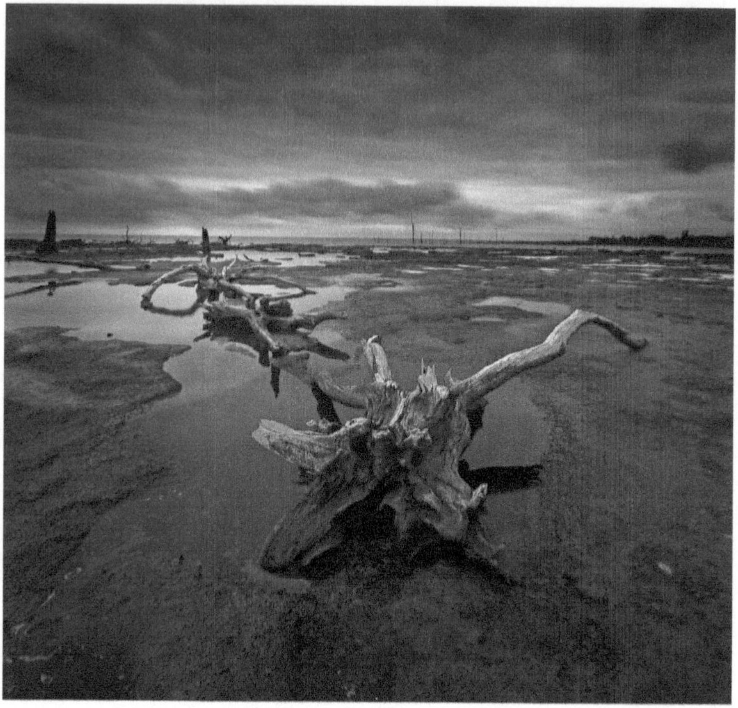

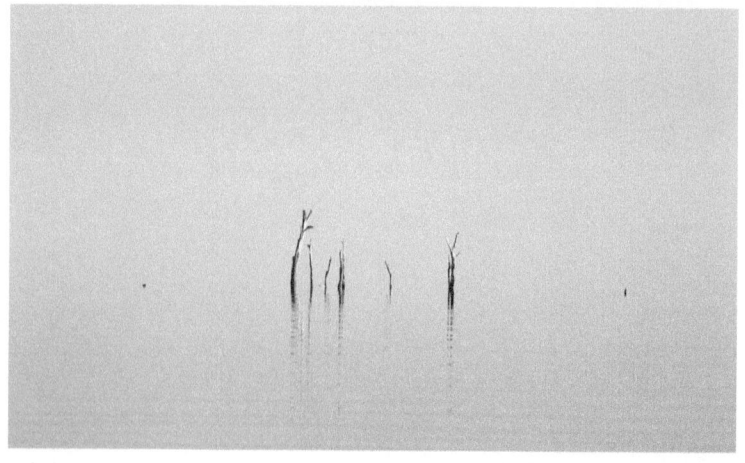

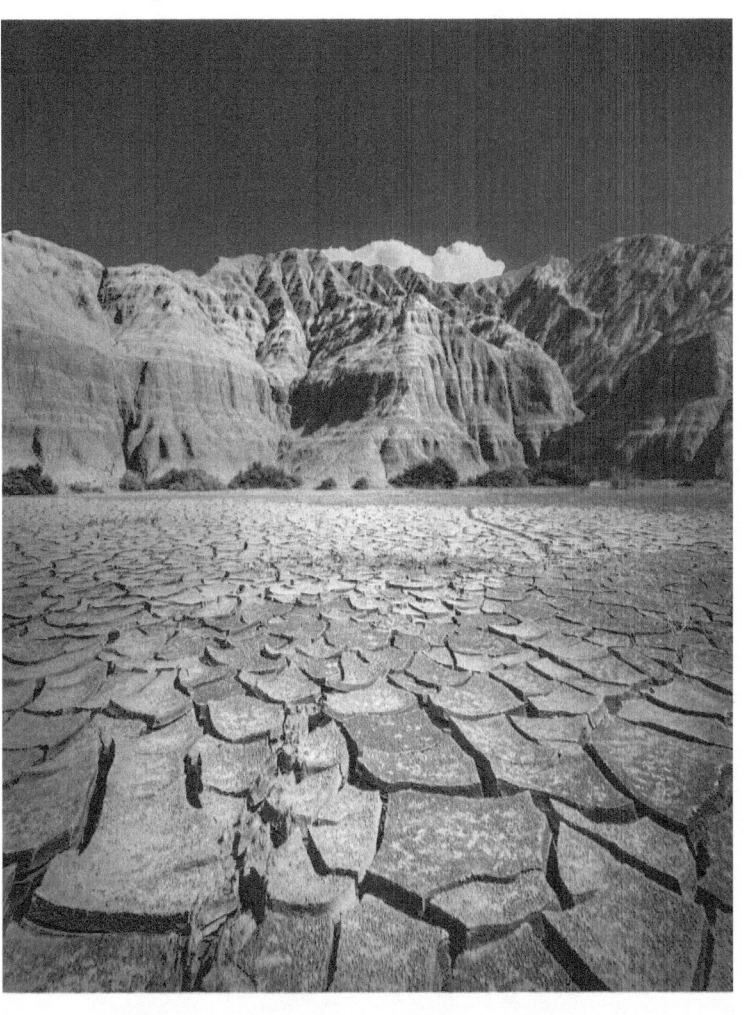

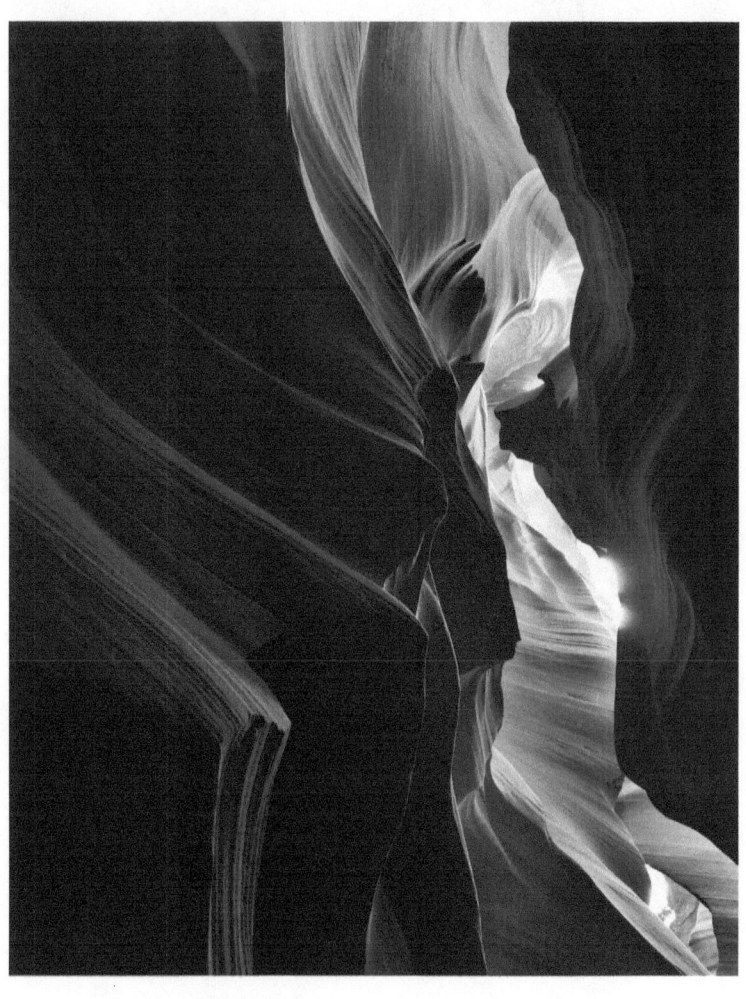

V

Para quienes insisten, ya sea honestamente o como simples repetidores de lugares comunes del pensamiento contemporáneo, fabricado por periodistas y estrellas de rock, en la desaparición del espacio como consigna pseudo-escandalosa (como Virilio, como Baudrillard) no se puede dejar de aceptar algunas verdades: el colapso o la disminución valorativa del espacio ante las innovaciones, primero de los medios de transporte (trenes barcos, aviones, la ubicuidad del automóvil y el tren súper rápido), luego las comunicaciones (radio, teléfono, televisión), finalmente el clímax casi extático de las redes telemáticas: todas han disminuido las distancias, no en la geometría, el planeta tiene las mismas dimensiones, sino en lo práctico y en lo simbólico, así como en lo afectivo: ya nada está realmente lejos, como cualquier *spot* comercial lo repite a diario en la televisión. Pero los espacios interminables de Martino son como un zoológico, un jardín botánico, una colección de especímenes en extinción (anímica) donde volver a ver y sentir las enormes distancias y reencontrarse con la experiencia de lo lejano.

Cuando James Hutton, el fundador de la geología, tomó conciencia de la enorme escala de los tiempos geológicos dijo: No hay evidencia de un comienzo ni se vislumbra un fin. Esperanza o resignación, la idea de una eternidad pensable surge inevitablemente de constatar el lento trabajo de los ríos, desplazamientos de masas, etc., que hacen el paisaje.

Por otra parte, para quienes, en el error filosófico y anímico opuesto y simétrico, siguen añorando las coordenadas mentales del humanismo que instauró la modernidad, estas fotografías y el espíritu que revelan son un recordatorio de algunos de los lugares comunes del romanticismo que la modernidad trató de atenuar: la insignificancia de lo humano frente a la soberbia ultra monumental de la naturaleza, una soberbia que excede de manera incomparable el más delirante esfuerzo de la retórica de los grandes monumentos, de la arquitectura como instrumento de asombro y terror.

Leopardi, el más alto de los románticos, llamará madrastra a esta naturaleza inclemente, monumental e inalcanzable, y la modernidad con sus diferentes ideologías consoladoras se empeñará no solo en revertir ese juicio sino en divulgar y proclamar la especie contraria: se trata de una madre benigna, herida, dolorida, de la que somos hijos desagradecidos. Ejércitos de pensadores, escritores, políticos, periodistas y activistas sociales se han empeñado en desdecir el juicio severo de Leopardi a nombre, paradójicamente, de un neo-romanticismo; el paisaje, la furia de los tornados, la agreste agresividad de la montaña enloquecida donde Paul Eluard escribía el nombre de la Libertad los contradicen en cada catástrofe, en cada vértigo y en cada contemplación honesta y desinteresada (que era lo que pedía Kant y que curiosamente, solo se hace verdad en los enormes espacios desolados en los que el interés es imposible). El trabajo de Carlos Martino nos confronta con dos de los mitos más perdurables de nuestro tiempo.

Anuario

I

He visto muchas fotos escolares y siempre es divertido escuchar los comentarios de los fotografiados o de sus familiares. Para los hijos, como dice en alguna parte John Banville, es difícil imaginarse que sus padres alguna vez fueron niños y siempre ven en esas imágenes primigenias como un recuerdo imposible de algo que no han vivido como si de hecho lo hubieran vivido. Ese es mi papá o mi mamá, dice alguien, como si la expresión tuviera sentido: un niño no puede ser el padre de nadie. Cuando se trata de las fotos escolares de personalidades famosas se dicen todo tipo de tonterías. Recuerdo la foto de Hitler, con los brazos cruzados y la mirada de muchacho malo que presagiaba, según los muchos comentaristas, sus fechorías de adulto.

Habían pasado tantos años que no veía esta fotografía de mi final de la escuela primaria, tal vez cuatro décadas o un poco más, que de hecho había olvidado todo sobre su existencia, así que encontrarla entre papeles viejos destinados a la basura fue, más que un descubrimiento, casi una sorpresa que me costó descifrar. Sucede en estas imágenes de la infancia que no solo nos cuesta reconocernos en ellas, sino que siempre hay un dejo de tristeza cuando terminamos de aceptar que esa carita incolora y distraída nos pertenece y sigue siendo parte de nosotros, que es el germen muy inmaduro de nuestra identidad. Se trata de la foto de fin de curso del sexto grado (que en realidad era el séptimo, ya que en mi época había dos niveles del primer grado). Allí estoy con casi cuarenta chicos y chicas ordenados en cuatro filas, parados en las escaleras externas del colegio a imitación de las fotos escolares europeas o norteamericanas. Es, para decir lo menos, conmovedor.

¿Qué clase de *discurso europeo segundo*, en el sentido que le da Briceño Guerrero a esta expresión, se alojaba en los espíritus de nuestros maestros, directores y fotógrafos escolares, pero también en nuestros padres, que concebían aquella foto no solo como un "precioso recuerdo" que visitaríamos con los años, sino principalmente como una marca de identidad que ellos esperaban, asumiríamos algún día nosotros mismos pero que en ese momento era una marca de su identidad escolar, ratificada año tras año y década tras década?

Hoy, que existe *Facebook* (comunidad virtual que nace precisamente en estos anuarios con fotos de los colegios norteamericanos) he podido ver en una de las varias páginas de la escuela donde cursé mi primaria fotos idénticas a las mías. Las que se corresponden con los finales de los sesenta diría que son idénticas. No pretendo indagar aquí en la retórica de la fotografía escolar, deseo hacer primero algunas investigaciones sobre un tema que supongo saturado de reflexiones y en el que pocos hallazgos son a estas alturas posibles. Me conformo con constatar su carácter hierático, de pose ritual, emblemático; toda fotografía celebratoria lo es, pero estas parecen el paradigma del género o, mejor aún, su consumación.

Volviendo a mi foto de sexto grado: hay dos maneras de leerla y ambas son irreconciliables. Por una parte, tenemos la foto que nos denuncia el crimen que comete el tiempo contra la infancia, la huella indeleble del tiempo que transforma aquellos rostros inocentes, aquellas potencialidades puras en los adultos que hoy somos y que seguramente muchos ya no somos. Vista así, la foto es una denuncia del fracaso de los proyectos personales, por insipientes o germinales que fueran en el momento en el que esos rostros y esos cuerpecitos frágiles fueron congelados. Miradas tristes, algunas inteligentes, todas más o menos perdidas en un horizonte que seguramente era la plaza que frente al colegio, no podía estar presente en el cuadro de la fotografía, pero era esa plaza, el primer espacio en el que ingresaba a la salida del colegio, como el premio de un tedioso y aburrido día de clases, una plaza (la plaza Colón, de Córdoba) con una fuente en el centro, senderos rodeados de setos y flores, dibujos en las baldosa del piso, amplias zonas con grama, faroles, unas estatuas: todo esto lo digo de memoria porque me niego a constatar las divergencias de mi memoria con las realidades, cosa que *Google Earth* me permitiría hacer y que seguramente haré al terminar estas páginas. Pues ese era el horizonte donde se perdían las líneas de las miradas infantiles que, durante unos minutos, posaban en las escaleras de la escuela. Largos minutos. La cámara debía ser calibrada, el foco y el encuadre ajustados, no existían las cámaras digitales. Teníamos que posar naturalmente, oxímoron paradójico que nunca entendían los fotógrafos pero que los niños sabíamos interpretar de la mejor manera, que como en este caso, es la melancolía ausente (la única respuesta inocente a las solicitudes auto-contradictorias).

Hay otra lectura, totalmente opuesta: esos adultos que somos hoy, con profesiones o trayectorias irreversibles o definitivas, no solo no somos una negación perversa de aquella inocencia sino por el contrario, somos su cumplimiento. En la carita avispada de esa pelirroja ya estaba inscrita su sensualidad, que seguramente se atrofió con algún idiota machista. En el cuerpo delgado y flexible del otro latía de menara inconsciente el atleta que no pudo ser futbolista y termino siendo policía, una de las variantes del deporte, la represión. Somos lo que hemos hecho de nosotros, en parte, pero somos también lo que otros nos han hecho ser, en parte también y somos más que nada lo que no hicimos ni nos hicieron, lo que se hizo solo, la suma total de todas esas fuerzas sin nombre a las que llamamos destino porque pudiéramos no darle nombre ni señalarla, pero no nos atrevemos, es demasiado contingente para nuestro gusto (lo contingente, se sabe, no puede ser culpado).

Hay, claro está, una tercera lectura, no más verdadera ni la reconciliación de las otras dos, pero sí de alguna manera su síntesis casi hegeliana: una síntesis que no supera, ni complementa ni elimina, sino que acerca, para que la tesis y la antítesis nos sean tan *otras* entre sí. La foto no mide ni es índice del éxito de un proyecto ni del fracaso de un sueño. La foto es el lugar en el que ambas posibilidades coexisten, se hacen visibles y pensables. La foto es la excusa para recordar los rostros que ya no tienen nombres ni anécdotas porque, con contadísimas excepciones que atesoramos, dejaron de ser relevantes en nuestras vidas.

Esos cuerpos y esos rostros son potencialidades o virtualidades puras, son el receptáculo de cualquier memoria que nos haya quedado huérfana y que les queramos asignar. Podemos ponerle nombre a todos los que lo perdieron en la memoria y hacerles vivir las vidas que nos esquivaron o cuyas posibilidades ni siquiera sospechamos, esta tercera lectura no es más verdadera pero es más real, ya que nos permite pensarnos a nosotros mismos y a quienes nos hicieron sin que lo supiéramos, durante siete años de compartir pupitres, cuadernos, estudios de exámenes, recreos, travesuras, complicidades y traiciones, aventuras sexuales (infantiles, pero sexuales), inquietudes, mentiras y verdades; en fin, un micro universo de experiencias que nos han constituido y que liberados de un nombre exclusivo, de una historia irreversible, liberan las anclas de nuestra identidad y nos permiten vivir otra vez.

II

Un experimento mental: A partir de la foto de fin de curso, retroceder o avanzar dos años, bajar hasta los diez y subir hasta los catorce, para atribuir a varios de los personajes de la foto lo que no tiene nombre ni registro anecdótico en mi memoria: situaciones, palabras, ideas, discusiones que se dieron, se pudieron dar o imagino que se dieron.

La muchacha de mirada melancólica ingresó a nuestra escuela cuando estábamos en cuarto grado. Recuerdo que todos los varones estuvimos, en un momento o en otro, enamorados de ella. Al principio a mí me resultaba indiferente; mucho peor: ante la insistencia de mis dos amigos más cercanos, comenzó a disgustarme. Recuerdo claramente haber pensado: se parece a las portadas de *Vogue*, una revista de modas que compraba mi madre y que siempre tenía mujeres hermosas en la portada, solo que a mí no me lo parecían. ¿Será posible que a una edad tan temprana yo cuestionara los estereotipos de belleza femenina? Al menos así es en mi recuerdo, con un leve toque de ironía.

Quiso la suerte que en el sexto grado me tocara de compañera de pupitre. Durante todo el año escolar, que eran como doscientos días, la pude observar de cerca, a veces de muy cerca, sentir su perfume, ser acariciado accidentalmente por su cabello largo, ser rozado por su delantal (que se llamaba *guardapolvos*) cada vez que tenía que pararse y pasar casi que por encima mío. Ella, estoy seguro hoy y lo estaba en esos días, me ignoraba olímpicamente. Lo digo no como un adverbio superlativo sino literalmente, como las diosas del Olimpo ignoran a los mortales que no tiene nada que ofrecer además de su adoración, porque a estas alturas ya ella era una diosa para mí y al fin el encanto que había hechizado a mis amigos dos años antes se apoderó de mi imaginación infantil, cuando ya ellos se interesaban por las chicas grandes, que eran las que estaban en el bachillerato.

La niñita había quedado para mí, como dejada allí por mis compañeros más precoces, y aunque ella me ignoraba deliberadamente, era, en el sentido más secreto y profundo, solo mía. Supe, décadas después, que murió asesinada por la dictadura militar que asoló el país en los años setenta.

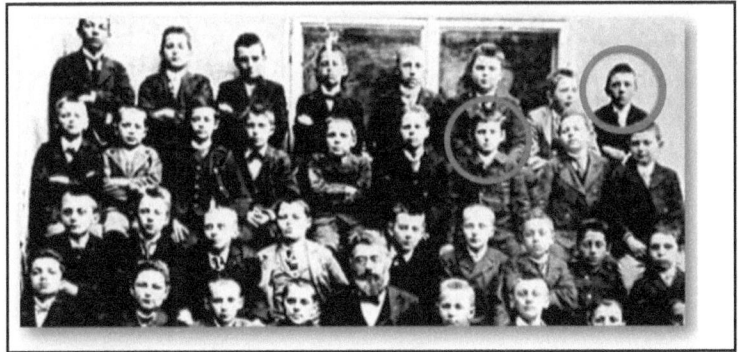

(foto del Archivo Federal de Alemania)

III

La fotografía de la que he hablado es —o, mejor dicho, puede ser— un espacio de posibilidades latentes en el que todos los extremos están incluidos (la palabra *todos* parece excesiva: ¿no son acaso *dos* los extremos? No, ese es el caso particular de la línea recta o del segmento; los espacios más generales poseen múltiples extremos, tantos como rincones tiene los contornos que las envuelven). Eso que abusando de Deleuze pudiéramos llamar "un cuerpo sin órganos". La vida resultó ser la actualización de algunas —y la cancelación ¿definitiva? de otras— posibilidades. Tratando de escapar al agobio de la teoría he terminado construyendo una teoría; se me perdonará entonces que lo haga a modo de parodia, es decir, sin mucho rigor, sin otra exigencia que la de dar palabras a sentimientos y reflexiones demasiado incipientes para ser coherentes o valiosas por sí mismas.

IV

Mencioné antes una foto escolar de Adolf Hitler sobre la que se ha especulado mucho. Hay otra foto del personaje, esta vez junto a Ludwig Wittgenstein, que ha dado origen a muchos ensayos y libros, entre ellos uno del que solo he leído reseñas, titulado *El judío de Linz*. *El mismo* sostiene la tesis, un poco delirante, de que el antisemitismo de Hitler habría nacido en un conflicto infantil con el filósofo, que era judío y, dicho sea de paso, heredero de una de las mayores fortunas de la Europa de la época. Cito la entrada de *Wikipedia* y la traduzco libremente:

El judío de Linz es un libro del escritor australiano Kimberley Cornish, publicado en 1998, en el cual el autor alega que el filósofo austriaco Ludwig Wittgenstein tuvo un profundo efecto en Adolf Hitler cuando ambos eran alumnos en la Realschule (escuela secundaria) en Linz, Austria, a principios de 1900. Cornish también alega que Wittgenstein estuvo involucrado en el anillo de espías soviéticos de los Cinco de Cambridge durante la Segunda Guerra Mundial.

En el artículo de *Wikipedia* hay referencias a las opiniones de diversos autores sobre el libro. La dudosa veracidad de la propuesta de Cornish que, repito, no he leído, es menos importante que el hecho de que una fotografía, sin duda singular, pueda generar todo tipo de especulaciones, un poco como las que dieron lugar a esta nota a partir de mi foto escolar.

Las especulaciones de un libro erudito no son muy diferentes de aquellas de las revistas de farándula, como la norteamericana *People* y algunos sitios web de talante similar que se dedican a elaborar historias más o menos irreales sobre las fotos escolares de las celebridades, como se puede observar en este vínculo: http://people.com/celebrity/celebrity-elementary-school-photos/emma-stone.

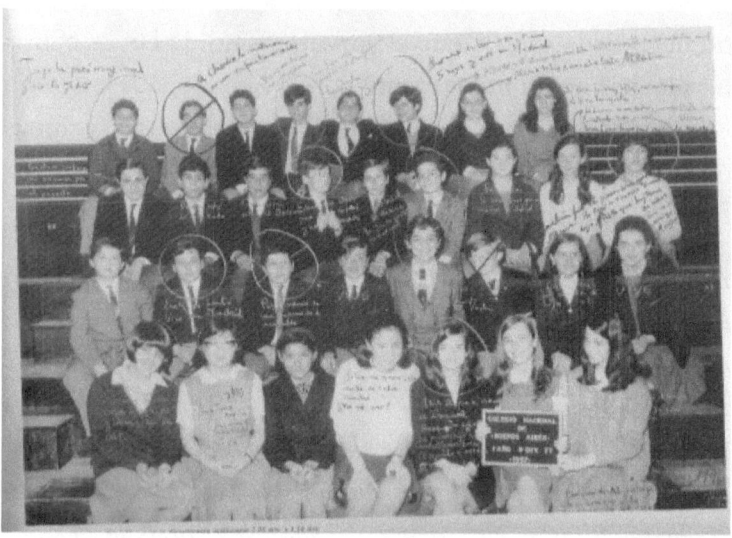

V

Mucho más interesante, y sin duda más revelador, es el trabajo del artista argentino Marcelo Brodsky, parte de una serie denominada *La buena memoria*, sobre la foto escolar en la que aparecen muchos de sus compañeros de clase que serían víctimas de la represión durante la dictadura militar argentina de Jorge Rafael Videla. Un trabajo que ha recorrido el mundo tanto por su valor artístico como por el testimonio de un momento histórico infame.

Sobre esta obra ver la excelente monografía de Florencia Larralde Armas, "Memorias sobrevivientes: el álbum familiar en tres obras artísticas sobre la desaparición (Marcelo Brodsky, Gerardo Dell´Oro, Lucila Quieto)", Amérique Latine Histoire et Mémoire. Les Cahiers ALHIM [En línea], 30 | 2015, Publicado el 20 enero 2016, consultado el 13 junio 2019. URL: http://journals.openedition.org/alhim/5374.

VI

Cuando pienso en las fotos escolares, en los muros con fotos de los desaparecidos argentinos, de los muchachos emigrados de Venezuela, veo que todas estas imágenes colectivas tienen algo en común en su forma: se trata de aglomeraciones de rostros, de series superpuestas de rostros infantiles o muy jóvenes, rostros que miran de frente o que distraídamente giran a izquierda o derecha, siempre con los ojos abiertos, muchas veces con una seriedad conmovedora o más frecuentemente con una sonrisa que pareciera comprender su carácter definitivo mucho antes de que este sentido se imponga por fuerzas exteriores. Aglomeraciones, series, disposiciones en filas sobre filas sobre filas, una retícula casi cartesiana que enfatiza el carácter racional del ordenamiento en paralelo y su estrepitoso fracaso en la dispersión, en el abatimiento, en las infinitas distancias que el tiempo impondrá entre lo que las imágenes acercan y hermanan.

Una misma forma, un mismo efecto, un destino similar aunque indefinido y enigmático. ¿Puede algo indefinido parecerse a otro algo indefinido? ¿No se trata, acaso, de una contradicción insuperable? ¿La similitud no requiere, *sine qua non*, un marco de referencia estable y, por lo tanto, conocido, definido, claro y cierto? La pregunta, que es retórica, en realidad es una excusa para afirmar un lugar común pero no por eso menos cierto: la forma y el contenido, esa división metafísica o escolar, elevada o trivial, de la que hablan los malos teóricos del arte, se hace presente en cada fotografía.

Notas

(1) Para compilar estas notas tuve que ubicar físicamente las fotos imaginadas (busqué en cajas, álbumes, revistas, entre las páginas de libros, ya que muchas veces uso fotografías como marcadores, busqué en gavetas y en anaqueles; busqué, claro está, en Google) con la intención de incluirlas en el texto. Sucedió inevitablemente que en muchos casos mi memoria o mi imaginación (o ambas) me engañaron y los "originales" eran diferentes a lo imaginado. En otros casos simplemente no existían o no fui capaz de encontrarlas. He conservado las descripciones equivocadas y las atribuciones de tiempo y espacio incorrectas, ya que en todo momento hablo de fotografías que imagino.

(2) Se ve claramente que no hay ciencia de lo accidental. Toda ciencia tiene por objeto lo que acontece siempre y de ordinario. Metafísica, libro sexto.

(3) and as you read
the sea is turning its dark pages,
turning
its dark pages.

(4) Citado por Octavio Paz